来新夏 主编

天津建卫六百周年

天津的邮驿与邮政

阎文启 仇润喜 编著

天津古籍出版社

图书在版编目（CIP）数据

天津的邮驿与邮政 / 仇润喜．阎文启编著．—天津：天津古籍出版社，2004．8（2012.7.重印）
（天津建卫600周年/来新夏主编）
ISBN 978-7-80696-034-9

Ⅰ．天… Ⅱ．①仇… ②阎… Ⅲ．邮电业—概况—天津市 Ⅳ．F632.721

中国版本图书馆CIP数据核字（2004）第073872号

天津建卫600周年
天津的邮驿与邮政
主编/来新夏
编著/仇润喜 阎文启

出版人/刘文君
*
天津古籍出版社出版
（天津市西康路35号 邮编300051）
http://www.tjabc.net
唐山天意印刷有限责任公司印刷
全国新华书店发行
开本850×1168毫米 1/32 印张6.5 字数132千字
2004年8月第1版 2012年7月第2次印刷
ISBN 978-7-80696-034-9
定 价：16.50元

总　序

来新夏

　　2004年12月23日是天津设卫筑城600年的纪念日，这对居住在这座城市和曾经客居在这方土地上的人们具有极大的探求魅力，即使曾到此一游或旅途所经的人们，也都很想知道这座城市究竟是怎样一座城市。它的形成、沿革、特色、物产、习俗、光荣和屈辱……种种城市的内涵恐怕许多人都是语焉不详，也许久已淡出人们的记忆了。

　　天津设卫建城600年，决不是说天津只有600年的发展史。天津的成陆发展总在四五千年以上，自秦汉至宋元，历代在天津地区挖渠开河，运粮建寨，设官定制，发展鱼盐业生产等活动，遂使天津得以逐步开发。最早记载天津市区聚落起源的是《金史·完颜佐传》，其中所说，金宣宗贞佑二年（1214年）为维护漕粮转输，曾提升武清巡检完颜佐为都统，守卫"直沽寨"。这个"直沽寨"（简称直沽），据今人考证，当在今红桥区西青道一带，或略偏南。当时漕粮在直沽转输的达百万担以上。由于金、元两朝，建都北京，天津地位日显重要。元初虽因河道淤塞，南粮改作海运，但仍由天津转运入京。据《元史·食货志》所载，每年由津转京的粮食，多达三百余万担，出现了"转粟春秋入，行舟日夜过"的繁荣景象。与漕运并肩发展的是盐业生产，金、元两代，已设置盐务管理机构及人员，在今塘沽、汉沽地区开辟多处盐场，成为重要财源之一，所以天津更为朝廷所重视。元武宗时（1309年）又把直沽提升为都指挥司级别的地位，仁宗时（1316年）进而改直沽为海津镇，并在大直沽设接运厅和粮仓以接运和储存漕粮。漕运的船工为了祈求航运安全，先后在大直沽（元初建，后废）和东门外（元泰定三年建，明清时重修、扩建，今存）建立天后宫，供奉海神。金、元两代对天津的经营，使天津由聚落逐步走向都市的条件，渐臻成熟；但是天津作为一个具有完整意义的都市却是在明清时期完成的，而作为这一转折的重要标识则是明永乐二年至四年（1404~1406年）间的设卫筑城。

明太祖朱元璋于1368年建立明朝后，为了酬庸和巩固王朝权力，遂封诸子为王，分守各地，其第四子朱棣被封为燕王，驻守北平。1398年，明太祖死，因太子早逝，由太孙允炆继位，是为惠帝。允炆庸懦，而燕王则经几十年的戎马生涯和苦心经营，在诸王中实力最强。也许出于更好地延续发展和强化明政权的需要，燕王决定发兵与侄争位。他率兵由直沽"济渡沧州"（嘉靖二十九年《重修三官庙碑记》，天津历史博物馆藏碑）南攻。征战数年，终于在1402年，攻入南京，即帝位，是为成祖，年号永乐。明成祖在成功喜悦之余，为了纪念始发兵的"龙兴之地"，把直沽这个曾是"天子渡河之地"（李东阳：《修造卫城旧记》见《天津卫志》卷四）赐名为天津（天是天子之义，津是渡口之义）。关于天津的得名，有星座说、津河说、关口说和赐名说等各种不同说法，但赐名说既有上引比较翔实充分的文献根据，又为津民口碑所熟知，所以当以天子渡河而得名之说为近实。

明成祖虽即帝位于南京，但他不能遗忘自己的实力据点北平，必然要把政治中心北迁，把北平作为他的北京，以维护和巩固他的新政权（袁世凯就任大总统后，不肯赴南京就职，不惜制造兵变，坚持建都北京，与此何其似也）。但在迁都北京之前，他必须先把作为京师屏障和门户的天津建设好，于是在永乐二年十一月二十一日（1404年12月23日）下令在天津设天津卫、天津左卫、天津右卫，统称三卫，天津的第一部志书就以《三卫志》为名（今佚）。并在这一军事性的据点驻兵16000余人，以拱卫将建立的京师和维持当地的安全。并命工部尚书黄福、平江伯陈瑄、都指挥佥事凌云、指挥同知黄冈"筑城浚池"。

天津城的初型是以土版筑，城基距地表约四米，逐层用黄土夯实，土层间铺撒碎砖瓦和瓷片，类似后来所谓的"干打垒"，所以称为"筑城"。这座土城周长九里余，城高三丈五尺，宽二丈五尺，城的形状是东西长，南北短，很像一把算盘，所以津民有称之为算盘城的。经过一年多的时间，土城建成，于是作为天津卫所在的实体矗立起来，至今犹啧啧于津民之口的"天津卫"这一惯称，也自此出现。时隔五年，明成祖将一切部署就绪，便于永乐七年（1409年）正式北迁，建都北京。天津也从此承担起明清两代捍卫京师的职责。

但是，土城筑成将近百年时，就日渐倾圮残损，而不得不修建加固，于是在明孝宗弘治六年（1493年），由时任天津兵备道的刘福主持，用砖包砌加固，城池同修，各门增建瓮城和城楼，历时两年竣工。四门分别题写了镇东、定南、安西、拱北匾额，显示其拱卫京师，安定地方的武备作用。城周较土城略有拓展，但基本未动。其城圈就是现今东、南、西、北四条马路的内边，也就是过去白牌电车围城转的线路。明朝政府很重视这次重修，特由当时重臣、文学家李东阳亲为之撰写《修造卫城旧记》，记其始末，为天津城建的历史留下了重要文献。

设卫筑城后的天津，各方面都有较快发展，特别是粮、盐两个经济支柱更为显著，明永乐初由于北运河淤塞，由南方海运至津的粮食，难以及时运京，仓储业大为发展。曾有露囤千所，甚至在北仓还建立了百万仓。不久迁都北京，"百司庶府，卫士编氓，一仰漕于东南"（傅维麟：《明书·海漕志》)，天津转输漕粮任务日增，至明宣德十年（1435年），明政府特在津设户部分司，作为管理漕运的专门机构。当时大运河上粮船万艘，转输漕粮五百万担。繁荣景象，可以想见。

鱼和盐是天津的两项重要财源。明在建国之初，即设"河间长芦都转运盐运司"，管辖以天津为中心的产盐区。天津不仅是产盐区，还是营销中心，长芦盐之名由此而起。由于采用日光晒盐法而产量大增，据一种计算，明末长芦盐运销量已达239,800余引（每引650斤）。天津的渔产也很丰富，《天津县志》特著其事说："津邑，滨海区也。鱼利与盐同，捕鱼不下三十种。"天津流传下来的许多风土诗也都盛赞天津渔产的丰美。鱼盐之利推动了天津经济的发展。

漕粮的转输，无论海运，还是河运，都带动了运输业和商业的发展。粮船为了调剂漕丁和水手的收入，允许在漕粮外，随带一定数量的各地货物以懋迁有无。这些货物大部分在天津卸载、发卖和转输，因而在三岔口不远的东门和北门外就形成了若干商业区。随之货栈、钱庄、会馆等行业和组织,都应运而生。集市贸易也随之而兴,十集一市的轮转,遂有"天天赶大集"之说。一些服务行业如饭庄、酒楼、戏院,更是迭兴不已。

天津从设卫筑城以来,经过有明一代的经营,到明清之际,它终以有拱卫京师门户,河海转运枢纽,商业繁荣兴盛,富鱼盐之利,招八方来客的优越条件,而成为人所瞩目的要埠,远远超出单纯军事要冲——"卫"的地位。所以康熙《天津卫志》特以浓彩重墨概括其盛况说:"天津去神京二百余里,当南北往来之冲,南运数万之漕,悉道经于此。舟楫之所咸临,商贾之所萃集,五方之民所杂处……名虽曰卫,实在一大都会所莫能过也"。清初史学家谈迁赴京过津所看到的天津,已是"镇城百货交集,鱼虾蟹蜅并贱"(《北游录·纪程》)。顺治十二年(1655年),荷兰使节哥页赴京,路过天津时,曾把天津与广州、镇江并视为中国三大港口。天津的"人烟稠密,交易频荣",使这位使节惊讶,并命其随从人员将三岔口和海河两岸的景象,绘图带走。天津已是一个比较成熟而开放的城市了。

天津自设卫筑城以来,历经600年风雨沧桑,有多少可歌可泣,可喜可悲的事迹和人物,等待述说弘扬,并留存于图画文字,以教化当代,垂示后世。迎接设卫筑城600年,不仅要欢庆这个城市的光荣节日,更希望在迎候它的日子里,有更多故老贤达写出信而有征的往事风情,为我们的天津留下更多的文献积存!

我籍隶浙江,出生杭郡,而侨居天津七十余年,直等第二故乡。食于斯,长于斯,学于斯,老于斯。乡恩深重,值此庆典,何得无报?乃于2003年春,邀约津沽名流学者,相与咨谋,众议金同,共定编撰《天津建卫600周年》丛书，以为文献积存之祝。共立八题，目次是：

一、天津的城市发展

二、天津的人口变迁

三、天津的方言俚语

四、天津的园林古迹

五、天津的邮驿与邮政

六、天津的九国租界

七、天津的名门世家

八、天津早年的衣食住行

题目既定，撰者分册撰写，每册十余万字，各有随文插图，期以一年。2004年春，各稿相继完成，逐册循读，大都相契，而各有所见，亦未强求划一。全套丛书共八册，近百万字。天津古籍出版社社长刘文君女士，欣承出版之任，情义可感。责编韩嘉祥先生，学识优长，不辞辛劳，奔走于撰者之间，商榷修订，终底于成，如期问世，功不可没。撰者诸君殚精竭虑，共成斯举，为津门增拓文献积存，颇著勋绩。我则追随诸君子之后，稍事擘划，与有荣焉。设有不足，则我当独任其责，幸读者垂察！

二〇〇四年六月写于南开大学邃谷

目 录

一 中国古代邮驿的起源与发展 ……………… （1）
　1. 原始通信方式的出现 ………………… （1）
　2. 西周至战国古代邮驿初步发展 ………… （3）
　3. 秦汉魏晋邮驿的完善 ………………… （5）
　4. 隋唐时期重视交通促进了
　　 邮驿的繁荣 ………………………… （7）
　5. 宋元邮驿的改革和空前发展 …………… （9）
　6. 明清邮驿的兴衰 ……………………… （11）
　7. 中国古代邮驿的主要特点 ……………… （13）

二 天津古代邮驿 ……………………………… （16）
　1. 先秦时期天津地区已有驿道通达 ……… （16）
　2. 秦朝驿道伸展促进邮驿发展 …………… （18）

3. 两汉三国时期的驿道已有了水陆交通

　　枢纽的雏形 ………………………………（20）

4. 隋唐大统一，促进交通和驿传发展，

　　天津驿传具备自身特点 ……………………（25）

5. 宋朝时军事对峙，交通邮驿

　　完全军事化 …………………………………（31）

6. 元朝建都北京，天津交通枢纽形成，

　　促进邮驿的发达 ……………………………（35）

7. 明清天津设卫后，成为京都门户，对京畿

　　地区和各地联系发挥了积极作用 ………（42）

8. 清末天津邮驿在文明和落后的

　　较量中完成其历史使命 ……………………（61）

9. 大运河的"水驿捷要歌"及

　　"驿站里程表" ………………………………（64）

10. 天津邮驿风情诗选 ………………………（66）

11. 北洋文报局 ………………………………（77）

三　专营民信机构的出现 ………………………（82）

　1. 全国的民间通信机构 ………………………（83）

　2. 天津民信局的发展 …………………………（87）

3．民信局经办的业务与信资……………（92）

　　4．民信局的衰微与裁撤……………………（94）

四　近代邮政的创办……………………………（98）

　　1．海关兼办邮递……………………………（99）

　　2．以天津为中心试办邮政…………………（102）

　　3．开辟海陆邮路……………………………（112）

　　4．中国第一套邮票——大龙邮票…………（120）

　　5．小龙邮票与万寿邮票……………………（126）

　　6．最早的邮政代办机构

　　　　——华洋书信馆…………………………（128）

　　7．海关拨驷达局建立………………………（133）

　　8．津榆铁路运邮……………………………（135）

　　9．邮政推广…………………………………（136）

五　大清邮政津局的建立………………………（137）

　　1．官局建立…………………………………（137）

　　2．大清邮政津局正式挂牌…………………（139）

　　3．业务发展…………………………………（140）

　　4．建立分支机构……………………………（142）

　　5．划分邮界　内地局建立…………………（144）

  6. 遭受联军入侵，积极恢复重建 ………… (146)

  7. 发展高潮 ……………………………… (148)

  8. 发行《北洋官报》……………………… (150)

  9. 邮传部接管邮政 ……………………… (153)

六 "客邮" …………………………………………… (155)

七 直隶邮务管理局 ………………………………… (164)

  1. 中华邮政初期及直隶邮务管理局

    的建立 ……………………………… (165)

  2. 万里邮路 ……………………………… (169)

  3. 火车行动邮局 ………………………… (177)

  4. 航空运邮 ……………………………… (183)

  5. 水灾和战乱中的通信 ………………… (187)

八 河北邮务(政)管理局 …………………………… (194)

  1. 东北沦陷　邮工入关 ………………… (195)

  2. 汇通转递局 …………………………… (198)

  3. 天津沦陷　邮政蒙辱 ………………… (206)

  4. 1939年水灾中的邮政通信 …………… (211)

  5. 邮政储金汇业的发展 ………………… (213)

  6. 改良邮政 ……………………………… (218)

九　邮工运动与解放区邮政 …………………(224)

　　1．天津邮政地下党组织…………………(224)

　　2．天津邮工运动 …………………………(227)

　　3．解放区邮政的诞生与发展……………(231)

十　开创人民邮政的新纪元 …………………(234)

　　1．迎接天津解放的新曙光………………(234)

　　2．接管邮政　恢复生产…………………(235)

　　3．发展生产　创造经验…………………(239)

编后………………………………………………(246)

一 中国古代邮驿的起源与发展

中国是世界四大文明古国之一。远古的有组织通信是古代文明的重要内容。根据考古发现,殷商时期甲古文中已有关于通信活动的记载,因此可以说,从商朝至清朝末期国家开办近代邮政之前,中国古代邮驿通信经过大约三千多年的发展历程。

1.原始通信方式的出现

通信起源于人类活动的过程中。最初保留和传递信息采用在绳子上结扣（史称"结绳记事"）、在物器上刻道或简单图画等方式。《易经》上说的"上古结绳而治，后世圣人易之以书契"，就反映了这一类状况。原始公社阶段，人们之间传递信息大都以物示意。比如"树叶传情"，讲的就是载瓦族男女青年用传递树叶来表达爱情的故事。

鼓，在原始社会末期是人类思想交流的工具之一。世界上许多国家都有鼓，非洲大陆并且有流传至今的"鼓邮"。击鼓时不同的声音和节奏，其"语言"相当丰富，传递方式便捷。在中国，使用击鼓传声方式传递信息的时间不晚于原始公社末期。殷商时期，紧急军情的传递，是通过"嫴"（读若戚）来实现。据甲骨文考证，"嫴"的本意是站在鼓旁击鼓的奴隶。

国家或集团建立后，政令军情的传递，经济发展后的物资交流，科学文化的推广，都需要通信。而交通的改善，交通工具的进步，文字的产生发展，都是通信发展的必要前提。中国古代邮驿起源于国家出现后的夏商时期，商迁都殷之后就已有了有组织的官方通信组织。

2. 西周至战国古代邮驿初步发展

周末期疆域十分辽阔。为巩固统治，周朝采取分封诸侯的制度。而作为联结中央与周围诸侯国的纽带的通信，其作用日显突出，邮传组织应运而生。从西周开始，通信组织不断完善，逐渐形成两套并行的通信系统：一是以烽火报警为主的早期声光通信系统。当时北方、西方有强大的犬戎族。为保卫边疆，烽火信号或烽、鼓并用成为重要的通信手段。二是以步行、乘车为主的邮传通信系统。当时交通道路条件有很大的改善，有"周道如砥，其直如矢"之说。在干道上还附设了路室和馆舍，为提高通信效率提供必要服务。周朝通信使用了轻便的传车，速度可观。

关于烽火报警，司马迁在《史记》中写道：西周末年，周幽王的宠妃褒姒，长得很漂亮，却很难启齿一笑。昏庸的幽王为了博得褒姒的欢心，竟采纳佞臣建议，在首都丰镐东部的骊山上点燃烽火，擂起大鼓。按照朝廷与近畿各诸侯的约定，这是出现紧急军情时发出的信号。顿时，邻近诸侯火速率军赶来护驾，结果知道是受骗上当，失望而归。褒姒看到他们急匆匆兴师动众而来，又灰溜溜败兴而归的样子，终于开口大笑，周幽王竟也得意非凡。后来，这样的闹剧接二连三地上演。岂料，有一次当敌人真的入侵时，幽王的烽火再高，鼓声再响，也无人应召救驾了。

在春秋战国时期，烽火台演变为绵延不断的长城。这是早期声光通信的一个飞跃。

春秋战国时期，诸侯国的会盟，军队的调动征战，商业活动等连年不断，官员、说客、商贾等往来频繁。一些诸侯国为了迅速传达政令，递送军情，便利外交往来，沟通信息和物资交流，初创"驿"的设置，当时称为"路室"。《孟子·公孙丑》引用孔子"德之流行速于置邮而传命"一语，反映当时邮传已经存在，传递迅速也已为人所知。为承担"以邮传命"的任务，国家设置官驿的同时，贵族豪门还设置私驿。魏国信陵君、齐国孟尝君、赵国平原君、楚国春申君时称战国"四公子"，都曾有过自己的驿馆，其中以孟尝君的私驿更为完备些。专管私驿的官叫"传舍长"。

春秋战国时期，各诸侯国都加强了对道路的整治。道路设置专职管理，清除杂草，平整路面，准备饮食草料，有的还在道路两旁植树绿化，"列树以表道"。全国近十条交通干线纵横贯穿各个诸侯国，其中一条是从郑国北伸至原阳、延津、五鹿至燕国北部即今北京、天津地区，直抵辽东。

我国古代把专为官用的通信机构称为"邮驿"。据东汉许慎《说文解字》解释说："邮"，"境上行书舍。从邑、垂。垂，边也。"早期学者因此认为"邮"是指古时边陲地区传递书信的机构。对于"驿"，《说文解字》上说："驿，置骑也，从马声"。"驿"在古代即指传递官方文书的马、车。自周以后，邮驿在各个时期有不同的称呼。周朝称"传"或"驲"，春秋战国称"遽"或称"邮"、"置"。秦时统一叫"邮"，汉代叫"驿"，魏晋时"邮"、"驿"并称，唐时又把"驿"叫做"馆"。宋时为战争所需，创设"急脚递"。金代仿宋，不称"急脚递"而称"急递铺"。元自有"站赤"之称。明代又改"站"为"驿"。清时将"邮"、"驿"合二为一称"邮驿"。现在习惯上把我国古代通信简称为"邮驿"、"驿站"或"邮传"。

3．秦汉魏晋邮驿的完善

公元前221年秦始皇统一中国后，以首都咸阳为中心，在各地建立了邮传机构，结束了春秋战国时期通信分散混乱的局面。秦虽只有短短15年的历史，却制定了《行书律》，是迄今为止所发现的我国第一部有关通信的法令。秦还开通了中原通向西北、东北两条邮传通信路线。

汉朝邮驿在继承秦制的基础上不断完善。为使邮传通行全国各州郡，国家投入大量财力来完善道路建设。道路的开拓，直接促进了邮驿的扩展。两者相辅相成。同时，在每一交通干线上设置驿站、邮亭，方便传递文书、接待过往官员和运送货物。汉朝对传递公文要求严格，对所采用的步传、车传、马传分别规定时限。对公文简牍的封缄有具体操作细则：由发寄人将简牍用绳子捆好，加上一木板，上写明收件者，然后加盖封泥封缄，以防私拆和泄密。汉时邮传功效在国防军事上也是显著的。汉朝开辟由长安（今西安）经过河西走廊，分沿天山南北两路，西越葱岭，到古罗马东部的陆上交通路线，即"丝绸之路"。

曹魏时期邮驿由法曹管理，隶属丞相府。这一时期军事通信系统完善起来，以军事重镇为中心，建立四通八达的邮传通信网。战争频繁，全国统一的邮驿已遭到破坏，军事文书大多直接交驿用快马传递，马速达每天600里左右，形成一套军事快递制度。三国时期，为适应南方水路运输需要，出现了水驿、水陆相兼的邮驿制度。

两晋时期时有战乱，邮驿大多恢复由地方州、郡、县管理。东晋时期，北方先后出现16个少数民族割据政权，大都仿照汉族传统方式建立邮驿制度。1972年在嘉峪关魏晋墓中发现一块驿使画像砖，画像上驿马飞驰，驿使一手持缰绳，一手持公文，英姿勃勃，应是当时邮驿景观的展现。

4．隋唐时期重视交通促进了邮驿的繁荣

隋朝统一南北，恢复汉驿制度后，即集中力量修复开拓交通道路，开通南北大运河。为方便隋炀帝四方巡幸，动用了大量人力物力。在驿路上修建许多驿馆、台传，提供过往官员和使者的饮食驻留。同时，着力修复大运河，"河畔筑御道，树以柳"，便利了南北经济文化交流，对通信条件的改善也起了很大作用。

唐在隋的基础上建成以首都长安为中心有七条放射状驿路通往全国各地的四通八达的驿路网。当时洛阳居于全国中部，是驿路的总汇之一。长安至洛阳之间共设41个馆驿，驿路两旁树木成荫。《通典》上说："夹路列店肆，待客酒馔丰溢。每驿皆有驴赁客乘，倏忽数十里，谓之驿驴。南诣荆襄，北到太

原范阳,西到蜀州、凉府,皆有店肆,以供商旅。"可见交通的发展,驿路的繁华,促进了商旅往来和驿传事业。

驿骑如星流

唐时着力改善了长安至成都这一入蜀要道,并向西南少数民族地区延伸。同时开通两条海上交通线:"登州海行入高丽渤海道"和"广州通海夷道"。这些都为邮驿发展创造了良好的条件。

唐代邮驿制度最称完备,有一整套人事考核制度、御史监察制度,及夹河两岸驿防办法等等,说明当时邮驿已达到很高水平。唐朝邮驿驿长由"州里富强之家主之",改为"以吏主驿事",由民办转改为官办,这是重要变化。

5. 宋元邮驿的改革和空前发展

宋朝为防止藩镇割据的重演,加强了中央集权统治。由于长期与北方辽、金、西夏等政权相峙,战争不断,加上接连爆发的农民起义,迫使邮驿做出重大改革,并带有浓厚的军事色彩。邮驿由兵部和枢密院管理,邮驿经费由军费开支,全部邮驿人员由军人担任。"以军卒代民役",改变原来驿夫来自徭役的状况,是一重大变革。另在马递步递之外,又新创设一种昼夜兼程的"急脚递",后称"急递铺"。"急递铺"专管通信,不承担接待、运输等任务,设置是10里1铺,20里的马铺有马歇亭。"急递铺"传递公文,步递日行400里,马递日行500里;步递使用红字牌,马递使用青字牌,最紧急的使用金字牌。宋以前邮驿只传递官方文书,宋明文规定,允许官员家书交递铺与官方文书一起传送,一般限于步递。宋朝的邮驿制度比较健全,法规较为完善。在《永乐大典》的《金玉新书》中,详细地记载了递铺的有关法规,全文共115条。

和元朝大统一形势相适应,元朝邮驿高度发达。驿站设置普遍,是一大特点。《元史》载:"凡在属国,皆用驿传,星罗棋布，脉络贯通，朝文夕至，声闻毕达。"元朝邮驿由驿站和递铺组成，驿站称为"站赤"。据史载，当时全国有站赤1519处，全国驿站马匹有30万匹，房屋一万多所。元朝的急递铺与宋朝相比，制度更完备，组织更严密，网络更加发达。元朝邮驿沿袭唐宋旧制，由兵部管理驿站统用，由通政院管理驿站事务。地方管理上实行路、州、县三级建制。元朝邮驿以"路"为中心，路既是地方政府，也是交通通信枢纽。

元朝的驿路四通八达。史家认为驿路和驿站构成"元朝政府的神经和血液网络"，对维持政府在全国统治具有重大作用。元驿路延伸东北、西北，对边疆地区影响很大。向东北延伸至黑龙江入海口的奴尔干城，东抵高丽王都开京。东北共辖有135个驿站，管理驿马6515匹、驿车2621辆、驿牛5259头、驿狗3000只。元朝通过驿路和西方有更多交往，此时国际驿路有三条：第一条从蒙古通往中亚；第二条通往叶尼塞河、鄂毕河、额尔齐斯河上游；第三条是经过河西走廊通往中亚、欧洲的传统丝绸之路。元时南方水驿发展也很快，有水驿420多处，备驿船5920艘。

元驿站繁多，费用开支巨大，统治者便将许多负担转嫁给老百姓，让一些"站户"专门承担驿站差役的费用。在沉重的压迫剥削下，"站户"纷纷破产，或逃亡在外，或出家为僧。

元末,建立在"站户"基础上的站赤制度便无法维持下去了。

6．明清邮驿的兴衰

朱元璋在1368年建立明朝后,立即下令整顿和恢复全国的驿站。第二年颁诏,将元朝的"站"一律改称为"驿",将全国230多处不雅的驿名改掉,并着手边疆地区的邮驿设施建设,首先是道路的建设。

明朝的法律大典《明会典》记载:"自京师达于四方设有驿传,在京曰会同馆,在外曰水马驿并递运所。""会同馆"是当时设在北京的全国驿站的总枢纽。水马驿和递运所即各地的驿站和运输机构。驿站基本和元朝一样,递运所则是递运军需物资和上贡物品的专职机构。这种递运基本上采取定点、定线、兼以接力的方法,把陆路运输和海、河运输结合起来。由于种种因素,明代递运所制度仅存在二百年。

清代邮驿制度历经整顿,采取主要措施为:颁布车马、夫驿、邮符、给驿等一系列条例制度;调整并使邮驿网络向县一级纵深发展;改革驿银支付办法;革除明朝驿马由百姓负担制度等。到康熙年间,全国邮驿组织规模空前,星罗棋布,驿站达2000余个,递铺有14000个,有7万名驿吏和4万多名铺兵。

清以前虽然邮、驿一直合称,但实际上邮和驿是两种职能不相同的组织机构。从汉唐以来,一直是"邮"负责传递公文,为通信组织;而"驿",实际上只负责提供交通工具、设施,并兼有招待所性质。清朝时候,这两种组织融为一体,驿站从间接地为通信使者服务,变为直接办理通信事务的机构。这样做,使通信系统整体畅通,大大提高了工作效率。

清朝中叶以后,封建社会进入没落阶段,古老的邮驿也随之出现许多弊端。从事邮驿的驿夫悲惨情景如诗人秦松龄《点夫行》所述:"奔疲面目黑,负背形神枯。水深泥没踝,衣破肩无肤。苦情不敢说,欲语先呜呜。"如果是抓来当水驿挽船的纤夫,则处境更为艰难。在如此恶劣条件下服役的驿夫,不是古邮驿制度的殉葬者,便会成为它的掘墓人。《清史稿》对清朝邮驿的弊端归纳为"越数诛求"、"横索滋扰"、"蠹国病民"三句话,是符合实际的。尤其驿丞对上司巧于逢迎,设酒席,送银钱,上下打点及大量私事人递等,更是败坏风气,影响极坏。

清朝末年,随着交通工具如轮船、火车的迅速发展,仿效泰西办法,近代邮政的创办、崛起,使历经三千多年的邮驿最终完成其历史使命,"寿终正寝"。

7. 中国古代邮驿的主要特点

(1) 古代邮驿是官方通信交通组织

古代邮驿是由官方建立、专门传递公文书信的机构,而其职责又不仅仅限于承担公文函件的传递。它还是官商、专使在途中休息和运送物资的客栈及组织机构。因此,古代邮驿兼有通信、交通、接待、运输等多重职能。

(2) 古代邮驿有一套严密的管理制度,融合于巩固政权的活动中

古代邮驿从周朝起,就有一套组织管理严密、分工明细的制度。通信分日常和紧急,驿使持凭证,通行路线有规定等等。秦朝产生有关通信的第一部法令《行书律》,以后历代不断完善制订,如魏曹时期的《邮驿令》;唐时的《永徽律》、宋时的《嘉祐驿令》等等。邮驿建设得到历代政权重视,成为巩固政权的军事、经济、外交、文化交流等重大活动的重要组成部分。古代邮驿不像今天为一独立行业,所以历代史书史料邮驿内容单独成篇极少,而反映重大历史事件的篇章中往往就有

邮驿的内容，于中显见邮驿是融合于巩固政权的活动之中的。

（3）古代邮驿随交通发达而发达

古代邮驿是中央统治地方的有力工具，其发展至比较完善需要较长时间，也受诸多因素影响，而其中影响最大的是交通条件。汉都城在长安，关中至中原道路条件好，邮驿也发达，还向西开辟"丝绸之路"。隋唐开通南北大运河，沟通五大水系，将北京至杭州系于一河，建有50多个水陆驿站，邮驿空前发达。其次是交通工具。交通工具如马匹的使用，提高了传递速度，有了急递；船只广泛应用，设置水驿；东北高寒地区狗的使用，保障了冬季邮驿的正常运行，等等。邮驿发展史说明，它本身不但是一部通信史，而且颇像一部交通发展史。

（4）古代邮驿的多重职责广泛联系，更能具体反映封建社会面貌

古代邮驿承担通信、交通、馆舍等方面的任务是艰巨的。所以这么说，并不只是由于工作内容繁杂，而是说这几项工作容不得一点闪失。邮驿传递公文，事关重大，不管条件好坏要准时；驰驿官员不管级别高低，要使其满意；运送物资如漕粮、军用品，不管自然环境如何要保障，都说明其责任重、难度大。围绕上述工作，古代邮驿广泛联系社会各阶层，上至皇帝、宰相，下至劳动平民，以至苦不堪言的驿夫，什么样的人

物都会遇上。因而古代邮驿最能具体反映我国封建社会的面貌。

(5) 古代邮驿为传播经济文化信息、促进社会交流起重要作用

在生产力低下、交通和私人通信都不发达的社会中，要获得外部信息是件很不容易的事情。古代邮驿具有流动性大的特点。驿站又设在交通要冲，大多数为风景环境较好的地点，驰驿的官员、士商在这个相对舒适的"招待所"里，新朋旧友相见，文人墨客聚会，自然将许多有关各地经济文化、风土人情等信息带来，相互交流，再带往各地。驿站在客观上聚集了价值不菲的信息资源，有利于社会进步。比如南北大运河在金朝时浚通至天津三岔河口，天津地区在元明时期设置至少五个水驿，明朝时天津许多地方效仿江南种植水稻，徐光启还来城南搞了两年零九个月的水稻扩大试验种植呢。杨柳青原为小镇，杨青驿设置一百多年中，不断吸取大运河南端苏州桃花坞年画等文化营养，逐步形成具有自身特点的年画艺术。

二　天津古代邮驿

天津位于华北平原东北部，东临渤海，北枕燕山。远古时期天津为浅海域。据专家考证，成陆主要原因是"海水退落"以及"古黄河三次北徙泥沙冲积"。殷商以前，当天津平原西部刚露出水面时，自然条件尚差，便已有新石器时代先民在这里劳动生息，由此开始了天津的发展。

1. 先秦时期天津地区已有驿道通达

"九河下梢，五河汇流"的天津地区在中国进入奴隶社会时，原始的农业有了发展，劳动收获的剩余，促进了交换，以物易物的流通领域逐渐扩大。《史记》卷三十四述:"召公奭与周天子同姓,姓姬氏。周武王消灭纣王后,封召公于北燕。"北燕统治的地域辽阔,其都城设在蓟(今北京附近),往东北一直延伸至今辽西凌源一带。天津北部为其属地。天津濒临渤海,人民主要从事捕鱼、熬盐、种植等劳动。周朝末期,三岔河口已有人群聚集落户。近四十年来在天津近郊发现战国遗址和墓葬几十处。从有关史料考证出,当时天津已有条件较差的交通道路出现,大抵以天津北部无终邑(今蓟县,战国后期称"无终邑",属燕国右北平郡)一带为中心向四方扩展延伸。

天津北部属燕国,南部先后属齐和赵,整个地区处在几个诸侯国之间相互交错的地带,驿道开始出现。《史记》燕召公世家记载的史料,从客观上反映了驿道通达情况。一是燕庄公二十七年(公元前664年),山戎国南下侵犯燕国,齐桓公发兵渡过古黄河救燕,乘机北伐山戎,而后胜利回国。燕庄公亲自欢送齐桓公过黄河(当时黄河入海口在天津南部)至青县一带进入齐国地界,或许燕庄公的举动感动了齐桓公,齐桓公遵当时国家友好交往,国君相送至边境为止惯例,大度地将燕庄公相送所经过的地方割让给燕国。二是荆轲奉燕太子丹命刺秦王未遂,秦王派将军王翦攻燕国。秦军攻取蓟州,燕王逃亡北去,迁居辽东。又据《史记·苏秦传》:"燕地方二千余里,带甲数十万，车六百乘，骑六千匹。"虽未言及交通驿道，而其需匹配规模昭然可见。上述史料可以说明，诸侯国的驿道通达天津地区，为邮传发展准备了条件。据考证，春秋时的邮传已"北通燕蓟，南通楚吴，西抵关中，东达齐鲁"。（刘广生《中国古代邮驿史》）

2. 秦朝驿道伸展促进邮驿发展

公元前221年秦始皇统一中国，拥有广大疆域。筑长城，修驰道，书同文，车同轨，开河渠，兴漕运等措施，都促进了邮驿的巩固和发展。尤其修驰道，为全国交通建设发展打下基础。梁启超评说："如始皇所开驰道，参合诸书，尚能察其路线，而二千年来官驿之一部分，多因其旧。"尽管驰道比不上驿道规范，但它已是驿道之先河。官驿发展首先得益于此。秦驰道在我国邮驿史上的地位、作用不可忽视。

秦为加强中央集权，在全国设置36郡，以后又增至49郡。在修建万里长城过程中，在长城南边设立12个郡，天津北部"右北平"即为其一，郡治在"无终"。《汉书·贾山传》述："秦为驰道于天下，东穷燕齐，南极吴楚，江湖之上，滨海之观毕至,道广五十步……三丈而树,厚筑其外,隐以金椎,树以青松。"当时以京都咸阳为中心,向四方辐射的9条颇具规模的全国性驰道中,有两条是通过天津北部的:

(1) 咸阳至碣石

咸阳—河南—山西太行山麓—邯郸—中山—燕京—古无终(今蓟县南,秦时为右北平郡治所)—碣石(今河北昌黎北)。

(2) 九原(今包头市西)至碣石

九原—云中(今内蒙古托克托县)—雁门(今山西右玉县东)—代郡(今河北蔚县西南)—上谷(今河北怀来县东南)—古渔阳(今北京密云县))—古无终—碣石。

由此可见,天津北部的"无终"处在当时交通要道上,作为秦防卫北方匈奴的边陲重镇,道路畅通是必保的。据《史记》记载,秦始皇三十二年,始皇前往碣石,派燕人卢生访求仙人羡门、高誓,应是从咸阳经过无终至碣石的。

《通典》卷33职官述:"秦制大率十里一亭,亭有长,十亭一乡,乡有三老,有秩。"此"乡官"制度汉晋相沿,直至唐。秦出现按规定距离设立"邮亭",大大方便了漫长交通干线上通信人员歇息饮食、替换车马。

3. 两汉三国时期的驿道已有了水陆交通枢纽的雏形

西汉武帝时,国家强大,生产力发展较快,出现了经济繁荣、人口大量增长的情况。闻名于世的张骞通西域等外交活动使汉朝和周边地区、国家联系更密切了。汉驿在继承秦邮旧观的基础上,进一步规范、发展。比如每30里(汉代1里相当于今414.5米)设一"置"(就是"驿"),有驿马或传车,有汉驿牌符等,通信功能完善。为了发展道路交通,政令规定,每一个编户的男丁从23岁至56岁,每年都要服力役一个月,平治道路是其中的一项主要内容。

西汉时期的天津地区因屡遭海潮侵袭,东南部地区常为海水浸没。公元11年又因黄河决口于大名南的魏郡,每至汛期汪洋一片,直到58年才筑太行堤障之,黄河北流阻断改经江苏北部境内入海。津南地区因而出现长期生产凋蔽、人迹罕见的景象,而津北地区、津西地区交通则渐成规模,有所发展。无终,在项羽称霸时调韩广为辽东王,建都于此,后又为燕王臧荼及后来的燕王卢绾的都城,一直是防卫匈奴等外族入侵的边陲重镇。汉时无终南面建有雍奴县（今宝坻区西南），天津西设有泉州县（今武清区）等等。汉代中后期，天津道路已四通八达，往南经过济北历城至临淄；往西南经过涿（今河北涿州市）至邯郸；往西经燕（今北京）至晋阳（今山西）；往东北出卢龙塞（今河北喜峰口附近）至右北平（承德、宽城一带）；往东经玉田沿海边至碣石一带以至辽西辽东、真番之地。有了这样便利的条件，汉武帝曾效仿秦始皇多次东巡游狩。《汉书·武帝纪》述及，汉武帝多次东巡海上，途经天津。元封元年（公元前110年）"复东巡海上至碣石，自辽西历北边九原，归于甘泉"，可见天津为经过之地。汉武帝东巡海上途中时时不忘祭祀活动，因而留下祭祀活动的遗迹。《水经·淇水注》便记载渤海西岸有南北两座"汉武帝望海台"，一处在今黄骅市东约35公里处的贝壳堤上；另一处在今天津市大港区沙井子村，二台相距30公里。汉武帝无论是去碣石，还是去渤海西岸，多次巡游促使驿道建设得到显著发展，趋于规范是无疑的。

根据诸多史料记载，日本、朝鲜与中国陆路交通大约始于汉朝。《魏志·倭人传》云："倭人在带方东南大海之中，依山岛为国邑。旧百余国，汉时有朝见者，今使驿所通三十余国。"对此史实最有说服力的佐证是，1784年春，在博多港志贺岛

(今日本福冈县志贺町）农民挖水渠时发现一颗"汉委奴国王"金印。后经过考证，这枚金印正是汉代中日官方往来的实物。《后汉书·东夷传·倭》中述："光武中元二年（公元57年）倭奴国奉贡朝贺，使人自称大夫，倭国之极南界也，光武赐以印绶。"由此可见，汉光武帝赐日本列岛某一部落王印就是这方"汉委奴国王"白文金印。

据日·木宫秦彦氏《日支交通史》一书推测，中日交通路线"似由海北道中渡辨强，沿马韩海岸，逐渐北上，到乐浪郡者。乐浪郡之中心地为朝鲜县，即古朝鲜之首都王俭城，在今之平壤附近。当时朝鲜县为汉之极东互市场，濊貊韩倭人等远近诸民族，似多集于此。自乐浪郡至洛阳，则似不由海路，而由陆路辽东者。"据《文献通考》卷324述："倭人初通中国也，实自辽东而来。"北京大学教授向达的《中外交通小史》也谈到："战国时，朝鲜北部，为燕所有。汉初燕人卫满亡命入据朝鲜北部。汉武帝定朝鲜，改为四郡。"由此不难发现，无论是从朝鲜，还是从日本到汉朝京都，多是由陆路平壤至辽东（鞍山辽阳一带）、辽西再经过天津地区而到达目的地的。天津北部的无终，是汉王朝所封诸侯国的都城，在东汉已成为使驿通信的交通要道。《东夷列传》云："永初元年（公元107年），倭国王帅升等献生口百六十人，愿请见……使驿所传，极于此矣。"

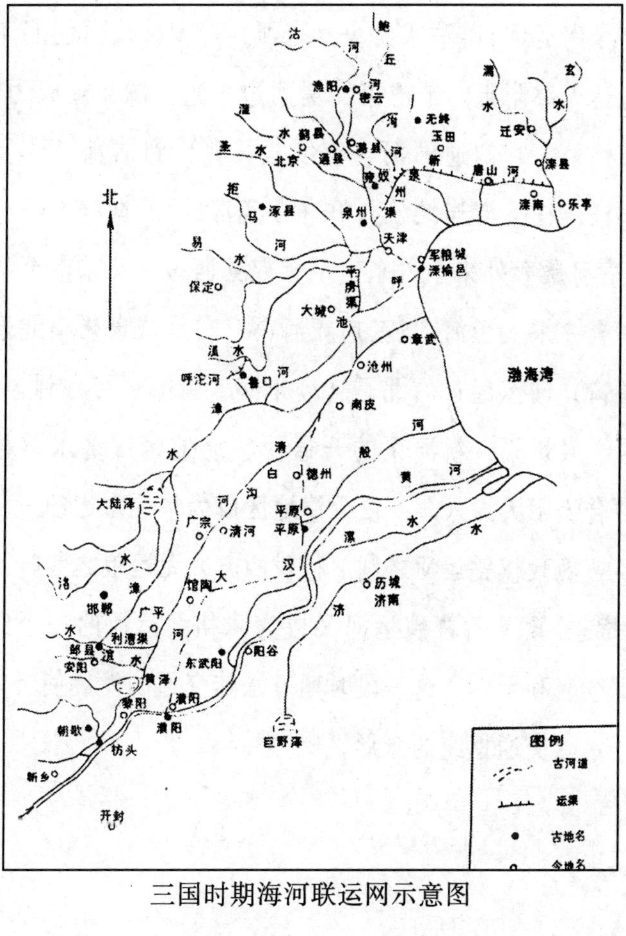

三国时期海河联运网示意图

东汉建安 11 年（公元 206 年），曹操北征袁绍。为解决战争时信息联系和物资运输需要，先后在天津境内外开通三条颇具规模的人工运渠。一是平虏渠,相当于今南运河青县至静海县独流镇之间一段,它沟通滹沱河和泒水(今海河尾)、泒水清河(今南运河)、沽水(今永定河)等河,从而使船舶能从白沟直达天津附近。平虏渠河堤两边平整宽阔,遂成为驿道。二是泉州渠。它沟通洵河(宝坻盐关口)到沽水(今天津市区)一段,往上游连结泉州城(今武清区)。据《水经注》记载:"沽河从塞外来……东南至雍奴县西……又东南至泉州县与清河合,东入于海。"三是新河渠。它是从泉州渠北端(宝坻盐关口)向东经过右北平(今丰润、唐山一带)到今滦河。平虏渠、泉州渠、新河渠的开通使华北地区许多水道相互连网,并合流于天津入海,使天津地区成为华北水运的一个中心地带。曹魏政权凭运河之利"征伐四方,无运粮之劳"。(《晋书·食货志》)其后曹魏运河又成为隋朝大运河的一个组成部分,继续兴利于世。这一段时期,水陆交通的发展使天津地区具备了水陆交通枢纽的雏形。

4. 隋唐大统一，促进交通和驿传发展，天津驿传具备自身特点

西晋、东晋十六国和南北朝时期，政权多次更迭，社会多有动荡，邮驿发展受到很大影响。三国时东吴地区出现的水驿在两晋时期得到发展，利用江河水道畅通及水路速度较快的优势，使不少公文递送和官员出行多走水路。南朝时还通过水驿或海上运输加强与朝鲜、日本的经济文化联系。这一时期南方水驿的发达对以后天津水运水驿建设有很大促进作用。

隋朝统一后，对驿道建设相当重视，无论是陆路还是水路，都有较大的发展。据《隋书》述："大业三年五月发河北十余郡凿太行山达于并州（今河北西北部）以通驿道。"据《资治通鉴》记载，隋朝的道路"发榆林北境……东达于蓟，长三千里，广百步"。隋炀帝时，将渔阳郡治所迁至无终，从此无终始称渔阳。

隋朝时南方经济发展很快，加之中原政权向北开拓，原有的交通条件已不能满足需要。公元608年，隋炀帝开永济渠，自黄河北通涿郡（今北京）。在旧有水道基础上，修建通济渠、

山阳渎、永济渠及江南运河，开凿余杭（今杭州）至涿郡全长2400多公里的南北大运河。海河水系航运进一步得到发展，江、淮、黄、海四大水系的船只经过天津南部，大体由今静海县西双塘村西折，然后经信安、永清、安次到达涿郡。大运河全线开通后，立即显示出很强的通航运输能力，大量军事物资通过它源源不断地运到涿郡。大业七年（公元611年），隋炀帝乘龙舟自江都出发行驶50多天抵达涿郡。当高45尺、长200尺，起楼4层的龙舟经过天津静海一段时，一系列的迎送活动促进了这一地区交通邮传的完善与发展。

大业八年至十年的三年间，隋炀帝三次对辽东用兵。天津北部、东部及南部成为当时交通要道，成为水陆路交汇的区域。当隋军集中在涿郡时，炀帝下诏："凡此众军，先奉庙略，驰驿引途，总集平壤。"

唐朝继隋之后，经济发展很快，国势日盛，其中一个重要因素，是隋朝兴建的大运河发挥了作用。正如唐朝诗人皮日休所说："（大运河工程）在隋之民不胜其害也，在唐之民不胜其利也"。此前天津地区经济相对落后，大运河开通后受益尤为显著。水路往西可入巨马水，通达归义（今河北容城），往西北可入桑干河，到达永济渠终点——幽州，往东还可穿平虏渠而抵辽西地区。至此，海河水系交通网已日趋完善。

盛唐邮驿事业空前发达。据《大唐六典》记载，全国有水陆驿1557个。在宽敞的驿路上，常见的是"十里一走马，五里一扬鞭"、"一驿过一驿，驿骑如星流"，邮递效率迅速提高。当时除国内七条主要邮路外，唐朝对外还有若干国际性驿道。据中唐地理学家贾耽《记四夷入贡道里》专著述及，有一条是从渔阳经营州入安东道通往朝鲜。

唐朝驿传承袭旧制，最高机关仍为兵部，兵部下设的驾部郎中专管驿传之事。《唐六典》卷五驾部郎中条云："兵部直辖驿传，盖因驿传，系备军事之用，且多需用马，兵部既主军事，复营马政，指挥较为灵便。"唐朝为对付北方游牧部落的骚扰，在幽州至渔阳一带驻有重兵，渔阳成为唐政府控制辽东辽西的军事基地。唐太宗李世民出兵高丽（今朝鲜半岛），就是以蓟州（渔阳）为后方，兵败时也曾退驻此地。当时，整个天津地区为边陲重地、军事中心，军政驿传频繁。至今此地仍有地名和唐太宗东征有关系。蓟县邦均在幽州至渔阳大道上。传说在秦国施行变法的商鞅曾在此宿店，得名"商君店"。唐太宗到此，曰其名"商君"谐音"伤军"犯忌，遂赐名"邦军店"，后为"邦均店"。是时，天津以至整个华北地区粮食生产较差，驻军粮饷供应主要从江南一带运来。唐政府除利用南北大运河运输外，还实行海上运输，船舶出入海口就在今军粮城以东一带。军粮城,汉称为"漂榆邑",旧址在今务本二村。唐时随海口东移至今军粮城南临海河处,修筑一座南北长320米、东西宽250米之"军粮城"。在很长一段时间里,它是东南漕粮转运的集散地,周围有多处屯储军粮之所。曾随军到此处的杜甫有诗句咏:"幽燕盛用武,供给亦劳哉。吴门转粟帛,泛海凌蓬莱。肉食三十万,射猎起黄埃";(《昔游》)"渔阳豪侠地,击鼓吹笙竽。云帆转辽海,粳稻来东吴。越罗与楚练,照耀舆台驱。主将位益崇,气骄凌上都。"(《后出塞》)这些诗句,生动反映了当时天津漕运的运输路线、运输产品、产地、用途等具体情况,是随军人员亲历过程的感言,一份难得的史料。1957年在军粮城刘家台子,1958年在军粮城塘洼先后发现两座唐墓,出土的青瓷壶、唐三彩陶罐、海兽葡萄镜以及其他日用品,都可以证实当时天津和各地的沟通往来情况。

为军事、经济需要,唐政府还大力疏通内河之间航道及陆路干线。《旧唐书·食货志》述:"神龙三年,沧州刺史姜师度于蓟州之北,涨水为沟,以备奚、契丹之寇,又以旧渠傍海穿漕,号平虏渠,以避海难运粮者。"这段史实是反映海路漕运为避开海上风险,由天津东部的宁河与军粮城之间向东北方向开凿了一条与海岸大体平行的运河,沟通了海河与蓟运河航道,名称也叫平虏渠。

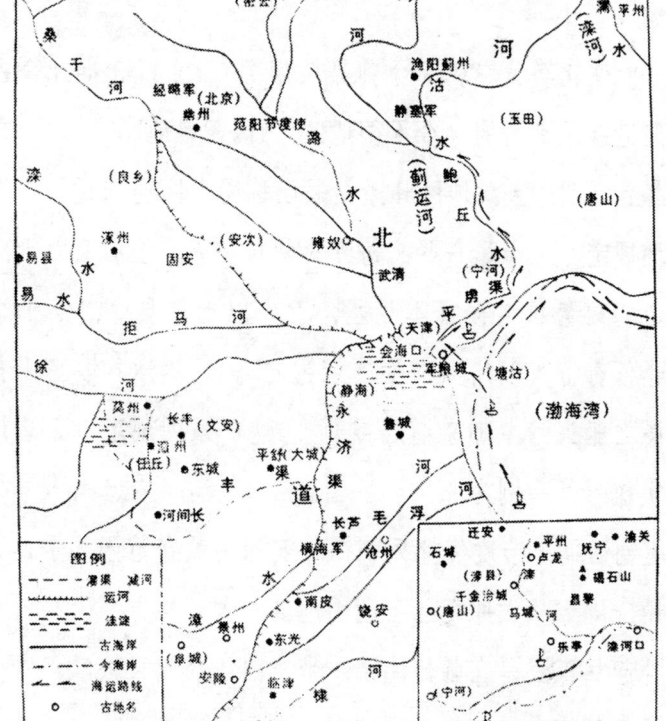

唐朝漕运图

唐朝天津地区陆路主要驿道是以蓟州治所渔阳为中心向外辐射：

(1) 往东经玉田、榆关到达安东都护府（唐初治所设在平壤，后迁至辽宁辽阳等地）。

(2) 往西经幽州到达中原、洛阳、西安及西部内地。

（3）往南经雍奴、昌州、范阳（今河北涿县）往中原及南方各地。

（4）往北经黄崖戍（今蓟县黄崖关）、北口守捉（今古北口）到达绕乐都督府（今承德地区）、内蒙各地。

由上可知，天津地区驿道交通已称得上四通八达。根据唐驿管理规定：三十里一驿，每驿置驿长一人。至唐玄宗天宝年间规定"父老六十板授本县丞，七十以上授县令，三十里一驿，驿各有将，以州里富强之家主之"。又"州县取富人督漕运，谓之船头；主邮递谓之捉驿"。这一系列规定，天津地区能忠实执行，有例为证。

唐朝后期，节度使拥兵割据，安禄山镇守范阳、平卢、河东三镇，即今从太原至辽宁朝阳地区一大片地方，天津就在其中。他起兵谋反是在蓟州渔阳一带。白居易《长恨歌》中"渔阳鼙鼓动地来，惊破霓裳羽衣曲。九重城阙烟尘生，千骑万骑西南行"，说的就是这件事。由于有严密的邮驿制度，谋反消息仅6天就传到当时京城长安（今西安）。杜牧《过华清宫》绝句云："新丰绿树起黄埃，数骑渔阳探使回。霓裳一曲千峰上，舞破中原始下来。"寥寥几笔，就把通往北方驿道平整规范、传递军情火急、驿传可靠迅捷等情况一一跃然纸上，将边防重镇渔阳和中央政府的联系方式表达清楚了。

5. 宋朝时军事对峙，
交通邮驿完全军事化

五代时期动乱和割据、战争给人民带来痛苦，对交通邮驿的影响很大。

公元959年，后周世宗北伐辽国取得南燕全部土地，奠定了北宋与辽以界河（今海河、大清河）为界的基础。当时天津地区处于双方交界处，海河以北属辽幽都府（后改析津府），海河以南属北宋高阳关路乾宁军和沧州的清池县。由于辽朝经常派兵越界掳掠破坏，宋朝政府在塘泊防线上"险厄处"设置一系列"寨"、"铺"等军事据点。在清池县有乾符、巷姑、三女、泥姑、小南河五个寨，在乾宁军有钓台、独流北、当城、沙涡、百万涡等六个寨。这些寨铺据点担负着军事防卫、交通邮驿等任务。太祖赵匡胤在建立宋朝第二年就下令"诸道邮传以军卒递"，开始实行"以军卒代民役"的军事邮驿制度，其后遂为定制。从事邮驿的士兵是从地方军队中挑选出来的，称为"铺兵"。这一变革，减轻了百姓负担，取得一定效果。

"燕山府里界河横，辽宋分疆是武清；海口叉连三女寨，古来天堑最分明"（清·蒋诗《沽河杂咏》）。辽宋在海河沿线长期对峙，戍寨铺递联系频繁，通信组织更加严密。网络更为发达。辽宋对峙中，其间辽国曾多次越过界河与杨家将在静海一带激战，因而这一带有许多有关杨家将故事相传，也留下不少相关地名、遗址。静海有三处戍寨，其中钓台寨所在地称古城洼。民国《静海县志》记载："钓台村西北二里许有古城，城垣久废，城址或隐或现，宛然可寻。相传为宋杨璟（杨延昭）屯兵处。"传说古城洼是杨延昭部的大营，其辕门就设在古城洼北部。后这里建村，取名"辕门口"，元朝时改为"元蒙口"，延续至今。据说，"元蒙口"西边不远宗保村为杨延昭子杨宗保驻防地，子牙镇焦庄子村为焦赞驻防地，双塘镇有"八虎洼"，为杨延昭八兄弟与辽军作战地点。光绪年间，北洋大臣周馥居津长达三十多年，对这段历史稔熟有感，1893年在《天津至保定途中杂咏八首》中写道："界河水浅草萋萋，当日杨家按鼓鼙。千载尊攘同一念，至今人羡六郎堤。"下注"六郎堤在苏桥之西，人谓宋杨延昭所筑。"又咏："当年辽宋此分疆，今日垂虹十二梁。清河西去孟良营，鸡犬连村乐太平。野老不知家国恨，至今曝背说东征。"（《玉山诗集》）

海河北岸辽国在与宋对峙中，因长途远袭，更加重视邮驿建设。据《辽史仪卫志》述，驿传身带信物为银牌，辽国共有

200面，上面用契丹文字镌刻着"宜速"、"敕走马牌"等字样。国家或军队有重要事务需要传命，由皇帝亲授银牌。使者领命后，骑驿马一昼夜要疾驰500至700里，途中无论跑到哪里，需索更易，无敢违者。作为作战前沿，驻天津辽军里携带银牌往来的使者自然是不少的。

为战争需要，北宋创设一种名叫"急脚递"的驿传。科学家沈括在《梦溪笔谈》中曾说："驿传者旧有三等，曰步递、马递、急脚递。急脚递最遽，日行四百里，唯军兴则用之。熙宁中又有金字牌急脚递，如古之羽檄也。以木牌朱漆黄金字，光明眩目，过如飞电，望之者无不避路。日行五百余里。"

辽国为维持战争和赈济饥民，每年需将大批粮饷从东京辽阳府转运至燕京一带。当时由于陆路路况较差，运量有限，大多粮饷是从海路运输的。《辽史·食货志》记载，太平九年（1029年），燕京地区发生灾荒，户部副使王嘉请造海船，招募海上行船有经验的人，将辽东的粮食转运过来。这说明辽代渤海北部海路是畅通不衰的。后人根据《长安客话》等资料考证，海路入内河是从天津北塘蓟运河河口，经显然是人工开凿的蓟运河至宝坻县，与青龙湾河相连，再经大龙湾、小龙湾两河上源与今北运河（潞河）相接，溯流而上，向西北行几十里，就是张家湾，再连接今北京东南郊的萧太后河直达城下。

这条水路就是史传"辽时海运故道",在北京世称"萧太后运粮河"。其河道大部分在天津境内,因而作此概述。

迨到金灭辽,宋南迁,界河以南为金所有。金把北京定为中都,在天津三岔河口西南岸的直沽村设直沽寨,调武清县巡检梁佐为都统,柳口镇(今杨柳青)巡检李咬住为副都统,率兵驻守。金代的邮驿制度称"急递铺"。《金史·徒单镒传》说:"初置急递铺本为传送文牒,今一切乘驿,非便。"讲的是,金国最初设急递铺时,是专门为了快速传递朝廷公文的。但后来许多人都趁机利用急递铺驿道,严重影响朝廷公文传递,是不合适的。

金时天津和北京之间关系开始密切起来。北京到内蒙古、东北走的是燕山南麓大道,必须经过天津。宋人张棣《金虏图经》详细记载自泗州(今江苏盱眙)至上京会宁府(今黑龙江阿城)的驿站里程,在5000里路上共有120处驿站,其中燕京至蓟州记载如下:"燕京至交亭30里,交亭至潞州(通州)30里,潞州至三河县30里,三河县至下店40里,下店至邦均店35里,均邦店至蓟州30里……"

6. 元朝建都北京，天津交通枢纽形成，促进邮驿的发达

元世祖忽必烈统一中国后，建都北京，改燕京为大都。随着政治中心的北移，天津地区所处地理位置逐步显示出重要性。一方面它成了拱卫京师的畿辅内地，以致后来将天津称为"津门"；另一方面，它在南北大运河与海路运输交汇处，加之水路运输经济便利，逐步形成供应京师粮食、器物的交通枢纽。《元史·食货志》："元都于燕，去江南极远，百司庶府之繁，卫士编民之众，无不仰给于江南。"当时南粮北运，不论是内河还是海路都要在直沽卸下，再换较小的驳运船只装运，经过北运河溯流而上，到达大都。曾经在大都宫廷里度过多年时光的意大利人马可·波罗称天津为"天朝津梁"，意即"通向天子京城的津梁"。此外，许多进贡国家的使者通常经天津沿北运河上溯京都，因而这一段也常被人称为"御运河"。

元初，进京水路漕运量非常大，每年经直沽的漕粮达上百万担。至元二十七年（1290年）为150万担，到天历二年（1329年）增至334万担。为适应粮食转运，在今天津市区及

沿河郊县设立衙门和仓库。至元二十五年增设直沽广通仓,秩正七品大使一员,在大直沽设立接运厅和主管漕运的临清万户府,军粮城也成为海运屯粮之地。元人王懋德诗曰:"极目沧溟浸碧天,蓬莱楼阁远相连。东吴转海输粳稻,一夕潮来集万船。"可见直沽漕运在元时是非常繁忙的。

为保证天津至北京河道畅通无虞,至元七年(1270年)三月,"浚武清县御河"。十三年七月,"以杨村至浮鸡泊漕渠回远,改从孙家务"。同年八月,"穿武清蒙村漕渠"。十七年二月,"发侍卫军三千浚通州运粮河"(《武清县志》)。接连不断的疏浚开挖直沽至通州间河道,直接加速了北运河交通及邮驿的建设。

中统四年(1263年),河西务一带设养马场数处(《武清县志》)。至元十二年(1275年),大将伯彦统兵伐宋,曾提出设立水驿事。同年七月,"立卫州至杨村水驿五"(《元史·世祖记》)。《元史地理志》"高丽国"条注云:"至元十八年,王睶言,本国置站凡四十,民畜凋弊,勒并为二十站。三十年,沿海立水驿,自耽罗至鸭绿江并杨村海口,凡三十所。"由此可见,至元三十年杨村水驿已经设置。

至元二十四年(1287年)"正月,以修筑柳林河军三千,疏浚河西务漕渠"。"八月,在河西务置马站"。"是年,自京畿运司分立漕运司,于河西务置总司"。"海运兴起,在河西务设漕使司,建十四座漕粮仓"。"世祖忽必烈为训练'贵赤卫'长跑技能,举行名为'贵由赤'赛跑,起自河西务止于皇城内"(《武清县志》)。

由此可知,在疏浚漕渠后,河西务于公元1287年8月设置了马站(驿),同时举行自河西务至皇城名为"贵由赤"赛跑,测试承担急递邮传的"贵赤卫"们实际长跑能力。这是河西务驿站设置初期的情况。

河西务地处京津交通要道,道路建设得到加强。据《马可·波罗游记》述,通邮路上"皇帝命于道旁植树,每树相距数步,树长成甚高,自远处可以眺望,昼夜不致失路。无人居之地,路旁也植树。为旅行者之便利,所有可行道路两旁皆植树"(转引自楼祖诒《中国邮驿发达史》)。在元朝,河西务除有许多政府官员和驿使往来办理公务外,更多的是南来北往的商人,因而此地旅店丛集,商务繁忙,有"京东第一镇"之称。清文学家朱彝尊《日下旧闻》引《方舆纪要》述:"河西务在县东北三十里,自元以来,皆为漕运要途……今为商民攒聚,舟航辐辏之地。设户部分司驻焉。""有河西驿,并置巡司于此。"

元朝诗人傅若金,到过天津,留下一些有关天津的诗文。

他在名为《河西务》的五律诗中写道："驿路通畿辅，敖仓俯漕河。骑瞻西日去，帆听北风过。燕蓟舟车会，江淮贡赋多。近闻愁米价，素食定如何？"据县志等记载，元朝海运兴起后，于1287年在河西务建14个大粮仓，名称为：永备南仓、永备北仓、广盈南仓、广盈北仓、充溢仓、崇墉仓、大盈仓、大享仓、大稔仓、足用仓、丰储仓、恒足仓、既备仓等。

"燕蓟舟车会，江淮贡赋多"。元初在河西务设立大型驿站是势所必然。这个驿站的设置及其作用的发挥，反映了天津以其特殊的地理位置和北京形成一种密切关系。而这种关系是促进天津发展的原因之一。

说到河西务的发展，不能不提天津的发祥地三岔河口。这里是潞河（北运河）和南运河交汇处，元朝时已是南北漕运的中转枢纽。尤其是南方海运的漕粮船舶，必须在此过驳，只有较小的驳船方能溯流而上，至河西务储存。三岔河口漕运情况，在当时的诗人咏唱中随处可见。如翰林学士张翥有"晓日三岔口，连樯集万艘"的句子；傅若金有《直沽口》诗："远漕通诸岛，深流会两河，鸟依沙树少，鱼傍海潮多。转粟春秋入，行舟日夜过。兵民杂居久，一半解吴歌。"

在天津北部的燕山南大道上，邮驿建设受到重视，加大投入而得到空前的完善。蓟州范围内设立驿站和下属邮铺，专职负责官府文书信件的传递等任务。"元朝至正年间（1341~1368年），驿站设于城内西南隅堂子井东；至正二十八年（1368），知州赵伯敬重修"（《蓟县志》）。当时驿站名为"站赤"，是蒙古语"驿传"的译音。专家考证，"站赤"原是指管驿传的官员，后来也用来通称驿站和驿传。近代史学家柯昌泗在《释站》（《中和月刊》第一卷第二期）一文中专门考证"站"字由来及其沿袭应用情况，文中道出一个前人从未提及的天津地区驿站，说明天津地区元朝邮驿至今尚有资料湮没、不为人知的情况。

柯文称："车站之站字，非中国字也。""站者，即古所运云邮置之义，此名词之在今日，通行习用，最为普及。夷考所由来，则始于蒙古，偶见新出元代站官官印三枚，为旧谱所未著录者，形式文字，颇可为考核'站'字之佐证。""'黄妃蘸印'、'黄妃站印'，中书礼部造至元五年。（印背刻款正书）此印亦近年出土者，上虞罗叔言先生（振玉）藏，见所著贞松堂唐宋以来官印集存。""综观三印，正篆文字皆作蘸，而背款书则作站，知蘸字即站字，其以蘸为正字者，以小篆尤站字。通行文书，尚可以俗字应用，铸印既用篆文，自不得不以较古之字为准，且笔画繁复，施于印信，可防奸伪。是以用同声之蘸字，为印文正字也，然亦可见即站字亦为译文，聊取代表其音而已。与字义固无涉耳。""黄妃站印,亦见舍弟昌济金文分域续编卷七著录,考为今作皇后店,在河北省武清县境。武清为北运河所经之域,自元以来为漕运要途,或即所云水站者,是以于附近之黄妃店,设置站赤也。"

黄妃醮印

对柯昌泗考证在武清县的"黄妃店"站,笔者做了进一步疏理。据《畿辅通志》转引《东安县志》:"省抑宫在安次南,辽会同中建,以禁嫔妃之有犯者。元时屡迁废后于其地,今属武清县,俗名皇后店。"又据《武清县志》等述:"辽会同中,在皇后店(今黄花店)置契丹军千人,困守'省抑宫'。""辽会同年间有'省抑宫'用于囚禁被废皇后,名皇后店,谐音黄花店。""武清县太子务传说辽太子到皇后店探母驻过之地,原名太子府,谐音为现名太子务。"上述史料说明,早在辽会同年间（938—947年），现黄花店这个地方，辽设"省抑宫"，是被废黜的皇后住地，有重兵把守。"皇妃店"、"皇后店"、"黄妃店"、"黄花店"为不同时期的地名。"黄妃店"如在至元五年（1268年）设立水路驿站，那就比1287年设立的河西务站还要早19年。黄妃店临永定河，距北运河约14公里，当时元政府为什么设立这么个驿站，后来为什么又撤除，乃至有关驿传史料湮没无闻，实在是一个谜！

根据现有史料，不妨对这个谜做一番推测：现在的北运河在公元1270年前走向是个大弯道，该年三月"浚武清县御河"，"1276年八月穿武清蒙村漕渠"，"是年，漷州治迁至河西务"，"1285年穿河西务河"。"1287年正月，以修柳林河军三千，疏浚河西务漕渠"（《武清县志》）。蒙村在现河西务至杨村河段中间，说明1270年前这一段是不畅通，至少是一段时间内不通；另从《畿辅通志·舆地略》疆域图看，从天津溯流而上，过老米店左接永定河古道，再行不远，距黄花店就很近了。1270年前是否走过此水道还需探索。不久，元政府疏通杨村至河西务一段武清县御河，现北运河成为京津水路大通道并设立河西务驿站，黄妃站存在意义不大，遂至废弃，应是顺理成章的。

7. 明清天津设卫后,成为京都门户,对京畿地区和各地联系发挥了积极作用

1368年正月26日,明朝政权建立后不足一个月,即颁布诏令,整顿和恢复全国驿站,设置"各处水、马站及递运所、急递铺",规定60里或80里设置一驿,以便于"递送使客、飞报军情"。第二年又颁诏把元朝的"站"一律改称为"驿",整顿驿名,并着手边疆地区的邮驿设施建设。

1370年4月,朱元璋封其四子朱棣为燕王,改元大都内殿(北京)为燕山府,据守于此。天津由于远离京都南京,邮驿基本沿袭元朝,发展受到限制。直到31年后,燕王朱棣与其侄朱允炆争夺帝权,率兵从直沽渡卫河(南运河),"天津"因此得名。朱棣夺取政权后,北京变为明王朝的京都,这一变化对天津影响极大。明永乐二年十一月二十一日在小直沽设卫筑城,17天后设天津左卫,永乐四年改青州左卫为天津右卫,后统称天津三卫。永乐十九年北京复如元大都,仰赖江南米粮和财富的供应,所以早在永乐九年,采纳济宁州同知潘叔正的建议,命尚书宋礼等人疏浚会通河。后者引山东汶、泗河水注

入由济宁至临清385里的河道，使南北大运河畅通无阻。此后不长一段时间，海运和陆挽都停罢，每年400多万石漕粮全赖大运河水运经天津至京城。此时疏通的大运河称为"漕河"，由北到南各段因地为号，依次称为：白漕（白河）、卫漕（卫河）、闸漕（会通河）、河漕、湖漕、江漕、浙漕。天津地区处于白漕和卫漕交汇一线，为水陆运交通枢纽。当时投入运输木船多达三千艘，肩负南粮北调重任，有的也捎北货南返，穿梭于天津城畔。为保卫京都，明政府在京畿地区设置多个外卫："蓟州卫在蓟州治东北，洪武八年建"。"武清卫在武清县治东，永乐四年建"。"梁城守御千户所在宝坻县东南一百四十里，洪武三十三年建，属后军都督府"（《天府广记》卷32）。明初50年，先后在天津都漕运、扩粮仓、设海防、倡屯田、建盐场，使天津的地位发生了一系列变化，直接促进了天津地区邮驿的发展。

北京往南方最主要的一条道路是与大运河并行的，从北京经过天津地区南下山东到江苏徐州，分道，一去扬州、镇江、杭州、通福州；一去安徽凤阳、合肥到南京或从合肥去南昌，南下过大庾岭通广州。从北京经天津到凤阳到南昌到广州这条驿路，是明代贯通南北的主干道，十分重要。

明初天津建城，成为京都的门户，成为京都通往东北、南方的交通必经之地，成为南北大运河的水运枢纽。在驿路建设四通八达的同时，驿站建置得到空前的发展，给官员驿使往来、通信联系、政军物资供应以及加强对东北口外等边远地区统治管理提供了服务和方便。此时天津地区主要邮驿及所在地风貌如下。

（1）流河水驿

在青县东北流河镇，明永乐二年置，为极冲级大型驿站。流河镇地处通往北京的大运河卫河西岸，南至乾平驿七十里，北临唐官屯约十里，是大运河北段天津右卫的重要驿站。明代驿站不仅是传令送信、飞报军情的机构，它日常须依政府制定颁布的"廪给条例"，方便各级官吏"依品驰驿"。驿站因而也成为官员名士、文人墨客会聚的地方。

清朝流河水驿额设驿递夫十四名，水驿夫八十五名（《大清会典》）。

现额水驿夫八十五名，夫头十名，探听夫二名，买办、送牌夫二名。（《司册》）

额设驿站裁存夫役工食银一千七百二十九两二分二厘二毫三丝八忽八沙（《司册》）。旧通志：旧额工食银共一千九百二十一两一钱三分五厘八毫二丝八微九纤，遇闰加增。

（2）奉新驿

在静海县南城外，明永乐三年由邑令尚朴设置，隶天津卫，水陆相兼，水驿为"极冲"级，马驿为"次冲"极。奉新驿出县北五十里为杨柳青，又十里为当城，又十里为里堡城，又十里为小南湖，又十里即小直沽，天津卫设焉。又县南十五里有双塘渡，为南北通衢（《方舆纪要》）。

奉新驿是明初地方官员奉命创办的大运河畔水马驿。按明朝驿制规定，水驿"极冲"应配备船十五至二十只，每船有船夫十人；马驿"次冲"应配备马三十至六十匹。马驿之马分为上中下三等，马脖上悬挂小牌，写明等第。水驿船则不分等级档次。

清朝奉新水驿旧额本设水夫八十五名，夫头十名，探听夫二名，买办、送牌夫二名，共银二千一百四两二钱四分四厘七毫二丝一忽零。

额设马夫九名半，驿马一十五匹（《司册》）。旧通志：次冲，存马十匹，夫五名，递送公文马夫二名。

额设驿站裁存夫马工料银三百八十八两八钱二毫四丝九忽三微四纤五沙五尘（《司册》）。旧通志：旧额工料银二百九十七两，遇闰加增。

同治九年，总督兼北洋大臣时驻天津，驿差浩繁，详请添设马匹，十二月批准添驿马三十匹。

静海县境内清初至光绪设驿铺有：在城铺（总铺）、双塘铺、良王庄铺、钓台铺、流河铺、杨柳青铺、辛口铺等。

（3）杨青驿

杨青水驿在南运河畔，明初至嘉靖十九年在武清县南一百五十里的杨柳青。杨青马驿在天津卫至保定官驿大道上。杨柳青，先秦时期是黄河、海河的入海口。相传，大禹称此处为"流口"，姜子牙受封后在子牙河、卫河的河堤栽种很多柳树，制止了水土流失，"流口"也改称为"柳口"，形成一道美丽的风景。历代文人墨客，路过此地，常驻足赋诗。据说，元代文学家揭傒斯路过这里，吟出"杨柳青青河水黄，河水两岸苇篱长"的诗句，广为流传，古柳口之名逐渐被杨柳青所取代。

①明初至嘉靖十九年不足二百年时间中，杨青驿对当地经济发展，民俗民风等影响是很大的。首先，杨柳青原是一个小村落，建驿后变为一个大村落，百多年后形成一个有诸多特点的名镇。其次，大运河人来人往，物资流通给世代打渔的杨柳青人带来商品意识。揭傒斯写道："河边病叟长回首，送儿北去还南走；昨日临清买苇回，今日贩鱼桃花口。"驿站建立后，杨柳青人生意已做到北京、东北及江南。至清光绪年间，杨柳青人随左宗棠西征部队"赶大营"，成为军需及新疆地区的商家。再次，大运河驿站给杨柳青人输入南方优秀民间文化。马

逸先《杨柳青年画小史》曰:"随着南人北迁,南货北运,在江南深受人民喜爱的苏州桃花坞木版年画,也传到了北方,受到了北方人民的欢迎。于是在明朝末年的崇祯年间,杨柳青一带也出现了木版年画。"聪明能干的杨柳青人将木版套印与手工彩绘相结合,以人们喜闻乐见的民间传说与民俗题材为创作内容,形成独具特色的"杨柳青木版年画"。杨柳青年画艺术成就的出现,驿站的催化作用也很关键。因此,如果将其称为"驿站文化"并不为过。在封建社会,设立驿站的初衷是为完成驿传任务和保证军政物资供应。而在发展过程中,驿站的功能远远超越这些,造就"驿站文化"即是其中一项。杨青驿对天津卫而言,是开"码头文化"之先河;对全国而言,它是大运河文化的一部分,是"邮驿文化"的一个缩影。

嘉靖十九年(1540年),杨青水驿移至天津城外大运河畔,仍为"极冲"级驿站。百年后,临近出现有名的"水西庄文化",延续百多年。"水西庄文化"与杨青水驿的关系,有待研究。

②杨青驿原属静海县,雍正八年正疆域,归大津县辖,极冲(《县志》)。南至静海县七十里,水行百里,东至宝坻县梁城所(即今宁河县)百四十里,水行百七十里,北至武清县杨村驿六十里,水行七十里(《方舆纪要》)。杨青驿在明后期从

杨柳青镇移至天津城旁,是因为"河海咽喉,神京牖户"的天津已从当初设置的军事"卫所",变为一个殷盛的城镇,不但是北京门户,而且是北方漕运中心,运输、商业、盐业发展尤快,移至城墙脚下就更方便,更有利了。康熙继位不久,就把漕运列为关系国家安危的大事,他说:"漕运有误,关系非轻"。天津是漕粮转运中心,雍正三年改卫为州,雍正九年(1731年)升直隶州为天津府,下辖六县一州。州升府后,杨青驿地位随之提高,并列入行政序列。《清史稿·地理志》记天津府领有天津(县),"长芦场八:自山海关至山东乐陵,袤八百余里,丰财场东南葛沽与西沽,杨青巡司三;大沽、三河头、汉沽、蒲沟、咸水沽、双港、北马头、赵家场八镇;杨青水陆二驿"。

杨青水驿清代设夫头十名、探听夫二名、水驿夫九十五名、买办送牌夫二名,年实领工食等银九百二十七两七钱五分。杨青马驿设在水驿附近,有四条驿路:南行七十里至静海,东行一百四十里至宝坻县梁城所,北行六十里至杨村,西北行二百五十里抵北京皇华驿。马驿主要应付天津府差事,及接济静海、武清差使,名为"腰站"。清代设驿马二十四、马夫十二名、驿递夫等十四名。雍正初,裁减速至驿马十四、马夫五名,不久因马少差繁,据驿丞要求,增加到驿马十六匹、

明代漕船

马夫十名，年支用马工料及杂支等银七百七十三两六钱六分九厘。同治九年，李鸿章任直隶总督兼北洋大臣后，常驻天津，一切洋务、海防遂仿照大道州县添设驿用夫马，除原有外，添马五十匹，马夫二十五名。

③杨青驿一直比较繁忙。凡由大运河进京的船只、官员、客商大多在此驻留。这里环境、条件不错，过客留下不少咏唱。天津诗人李庆辰有《津沽秋兴》诗曰："诗人曾说小扬州，风景凄凉已到秋。杨柳驿边黄叶落，桃花市口白云浮。寒波渐入扬汾港，晚色遥侵篆水楼。纵少渔人歌夜月，是谁沽酒古堤头。"

诗中所咏4个地名都是光绪年间天津人熟知的地方。"桃花口"在今日北辰区与红桥区交界处,自明末至清朝,那里桃花盛开在全国都出了名,"桃花春水上河豚","渡口桃花三十里,平林黄叶作秋声。"1708年康熙皇帝乘龙舟离杨青驿回銮北上,拐过三岔河口再行不远,竟然发现天津桃花口桃花更胜江南一筹,遂调寄《点绛唇》一首,有"再见桃花,津门红映依然好。回銮才到,疑似两春报"的名句。"扬汾港"古名"羊粪巷",南运河一渡口。"篆水楼",《天津县志》卷七:"篆水楼在城外东北隅,楼临三叉河口。""杨柳驿"即杨青驿。这个大名鼎鼎的"极冲"级驿站,史书皆称"驿在天津城外",却未提及具体坐落位置。

从清人著述提到从杨青水驿再行十里就到三岔河口的情况看,杨青驿应该在今南运河红旗桥至井冈山桥一段。事实上,这一段始终未发现驿站的遗址或遗存,诸多天津史料亦无记载。从现存史料发现,今南运河邵公庄闸东经井冈山桥至大丰桥是一段截弯取直的河道。1917年,天津地区遭遇特大洪水,天津地方官员为抗洪减灾,将南运河这一自然弯段截弯取直,变成如今模样。那么,原来的河道是如何走向的呢?据西柏林普鲁斯皇家国土制图部1903年出版的天津地图核对可见,原南运河大约是从现今邵公庄闸桥东面转弯向南流去,再经芥园道吕祖堂东侧拐弯东流不远，在南头窑附近再逆拐，往北流向大丰桥。现放生院小马路估计就是南运河北流故道。从邵公庄闸桥东至大丰桥，南运河走了个"U"字形。综合上述情况推断，杨青水驿应该在这个"U"形的右下方，即今放生院小马路南端附近。此处离西北角城墙仅一里多路，应与"天津城外"相合。

杨青驿在天津境内设递铺五处：州前铺、县前铺、桃花口铺、炒米口铺、稍直口铺，共有铺司十七名，另有伺候院道厅铺司5名、铺兵5名。每名司兵月给工食银五钱，后减为按季给银一两二钱。

(4) 杨村驿

"杨村驿在杨村务，与河西驿皆有驿丞，明置极冲，在县南五十里"。"杨村驿东二十里为桃口，又二十里为丁字沽。由杨村而西北四十里为黄家务。又三十里为河西务，皆运道所经也"（《大清统一志》）。杨村驿元至元三十年（1293年）设于北运河西岸，元明时陆路有京畿大道，州县官道从旁通过。北运河为漕运要道，水陆交通十分便利。杨村驿是天津沿北运河溯流而上的第一个驿站，驻有管理机构，设置驿丞。早在元朝时，就有不少北上船舶停泊此地，有一部分大船（当时称"遮洋船"）过驳至小船（称"浅船"。"遮洋船"和"浅船"均用于漕运）才能沿北运河运粮食物资至北京。博若金《杨村》诗写道："杨村岸头驿使回，直沽洋里海船来。军夫代鼓欺行旅，百里维舟不敢开。"在明朝，为保证京师及北方防军的粮饷供应，下大力量对南北大运河进行浚修拓宽。永乐九年至十三年中，疏浚了扬州至淮安、临青至济宁、通县至北京等段，使江南至北京的大运河全线畅通，航运条件大为改善，漕运数量不断增长。杨村在当时是漕船换驳主要地点之一，运输装卸要地。明朝和元朝一样，"常事入递、重事给驿"，即平常的文书交给递铺，重要和紧急的文书才交给驿站办理，因而杨村驿在明朝任务是繁重的。

清朝中期，杨村驿船只按"极冲"级水驿要求配备外，配备驿马三十四匹。供役人员有马夫十七人、驿皂八人、轿夫二十七人、纤夫九十九人、驿书一人、兽医一人，共一百五十三人。

（5）河西驿

河西驿设置于至元二十四年（1287年）八月，在北运河西侧的河西务镇，设站官管理。明洪武二年（1369年）依诏改"站"为"驿"，河西站改为"河西驿"，为"极冲"级。永乐后南北大运河水路畅通，漕运量增加，从应天府（今南京）至顺天府（今北京），沿途设水驿四十六处，设驿丞专管。明朝时，"河西务，漕渠之咽喉也。江南漕艘毕从此入"。"滨河建有龙祠，以时祭祷。两涯旅店丛集，居积百货，为京东第一镇。户部分司于此榷税。李贲诗：'铁瓮新城十万家，闾阎旧俗竞繁华。堤连第宅公勋店，岸拥旌旗使者槎。税榷五材充国计，商通四海足生涯。会同诸夏咽喉处，名利烟波炫晚霞'"（明·蒋一葵《长安客话》）。明初河西务设置户部分司、巡司，正统元年（1436年）钞关从天津移此，商货进京须由河西务领取红单进京交税。户部分司、巡司、钞关等机构办理与北京有关手续，均由河西驿派员递传北京。隆庆六年（1572年），河西务建城，已晚于驿站近二百年。

河西驿是元明清三代运河沿岸的繁忙驿站，各朝均设专职官吏管理驿务。康熙、雍正、乾隆三朝陆续推行"裁驿丞、归州县"的改革，意在发挥地方行政机构的作用，加强驿站管理。驿丞在官阶中地位低、责任重，对驰驿官员难以约束管理，划归州县后情况会好转。另外，减少冗员，节省经费开支，财政上也可以得到保障。河西驿在乾隆二十年（1755年）将驿丞裁撤，驿站归并武清县，由河西务同知兼管。这一隶属变更，影响很大：河西驿马上由独立行使邮驿机构职权的部门，变为由地方主管下的专职工作部门，人、财、物权都集中到县里。驿站事务繁杂，河西务同知兼顾力量有限，只能委托驿幕或亲信代理。而他们的责任心、经验和驿丞有较大差距，有的还借机逢迎，讨好上司。日久天长，弊端不但没有因驿丞裁撤而克服减轻，反而在县辖地方范围内加重了。

河西驿和杨村驿比较，各方面情况很相似，又同在武清县一个辖区内，都为"极冲"级的大驿站。不同的是，杨村驿离县治比较远，"县管"更有难度，因而没有对其实行"改革"的举措，仍然保留驿丞一职。杨村驿是清朝后期全国保留专职驿丞的65个驿站之一。这类情况在天津还有杨青驿、奉新水驿、流河水驿。

清朝中期，河西驿配备驿马三十三匹。供役人员有马夫十六人、驿皂八人、轿夫二十七人、纤夫九十九人、驿书一人、兽医一人，共一百五十二人。以上供役人员中，纤夫编制占到总数的近三分之二，为什么？

北运河是通往京都的咽喉要道，清廷极为重视。该河流沙通塞无定，处于难以疏治状态。杨村经河西务、张家湾至通州一段淤浅最厉害，经常发生边挖边淤的情况。尽管采取了诸多措施，但船到杨村段溯流而上时总会因水深不足而前行困难。解决这一困难最简便的办法就是使用纤夫拉船驱进。杨村、河西务在每年天暖时平均日通过船只至少三十艘，驿站准备的99名纤夫在忙时还远远不够呢。至光绪年间，户部尚书翁同稣乘船路过这一段，对流沙淤浅的忧虑咏入《杨村道中》一诗中："一曲得一曲，流沙浅复深。风帆对湾亚，岸柳过河阴。若使建瓴势，将毋高屋沉？津沽蓄众水，虑此一沉吟。"流沙淤浅对于北运河航运是致命的。仅此一点，使光绪后的北运河漕运日见颓势，河西驿、杨村驿两个"极冲"级驿站渐渐地风光难再。

顺便述及，在清代，武清县的驿传网络比以往完善得多，境内前后设立近二十个驿铺，有记载的为：河西务部铺、大王庄铺、大张庄铺、木厂铺、安平铺、巨城铺、马百户屯铺、杨村总铺、火烧毛铺、蔡村铺、顿邱铺、六合庄铺、新庄铺、马孤屯铺等等。

(6) 渔阳驿

明朝经过天津地区的陆路交通干线，是在元朝交通线之基础上完善和发展起来的。其中一条古老驿道是由北京城经天津渔阳驿至东北辽阳及奴尔干都司（明朝改变元的行省制，全国设十三个布政使司，东北设奴尔干都司管辖）。具体路线为：北京城—潞河驿—三河驿—渔阳驿—阳樊驿—滦河驿—卢峰驿—榆关驿—沙河驿—连山驿—小凌河驿—沙岭驿—牛家庄驿—鞍山驿—辽阳驿—沈阳卫往北抵达奴尔干都司（庙街）。这一条路称为"辽东边路"。另一条经过渔阳驿的是北京至内蒙古的旧址路，具体路线为：北京城—潞河驿—夏店驿—公乐驿—渔阳驿—遵化驿—宽河驿（今宽城）—会州驿（今平泉南）—大宁都司（今内蒙古地宁城）。这一条路称为"大宁三卫旧址路"。以上是经过渔阳驿的主干线，其他还有一些，如往东北方向经阳樊驿、义丰驿、滦阳驿至喜峰口关的"蓟州边路"等非主干线。

渔阳驿设置于元至正年间，位于渔阳城西南隅。明洪武初年，渔阳改称"蓟州"，辖玉田、丰润、遵化、平谷四县，属顺天府。从历史上看，无论是隋大业末年前的"无终"，还是隋至元的"渔阳"，乃至明后的"蓟州"，这里始终为北方边防重地，有重兵驻扎，派名将镇守。明朝为防备清兵等入侵，加强了国防建设，渔阳驿站建设即为当时的重点建设项目。

明洪武三年（1370年），渔阳驿因扩建由西南隅迁移到城南，建房42间，配备足够的马匹、马夫、兽医、驿皂等，改地名为管驿村。明正德六年（1511年）渔阳驿重修，将办理驿传业务的正厅、后堂各五间，东西厢房八间修整得更加气派。明嘉靖年间，渔阳驿有马三十三匹、骡五十五头、驿员（含马夫、轿夫、车夫等）多时达近百人。明天启二年（1622年），驿站由管驿村移到蓟州城内文化街路南，规模略有扩大，占地二亩，有递马五十匹、牛车三十辆等。

渔阳驿在明朝时不断扩建也可见蓟州在边防战略上地位重要。隆庆元年（1567年），抗倭名将戚继光（1528—1587年）被调到这里，镇守蓟州，为总理蓟州、昌平、保定三镇北方边境军事和防御任务的统帅，在镇十六年。戚继光重视邮传工作，号召官兵上下关心和积极支持。在隆庆三年（1569年）的上疏奏折中，有蓟州等边区"参游为驿使，营叠皆传舍"之句，动员在职参将、游击等军官和普通士兵一起，加强驿传力量，做好邮驿工作，于中可见戚继光这位军事家之谋略。是时，明北部边患累起，西北有俺答、东北有建虏等凶悍外族，经常拥众入侵，危险时直逼京师，实为国家心腹大患。戚继光来蓟察看边情后，深虑军队骄惰，无以应付强悍而飘忽不定之敌。如果只知处处设防，反而引致兵力分散，士卒劳累，军资浩繁，并不能有效抵御侵扰。为此，他加强军队之间的信息传递，令当事者即为驿使，一有情况便迅速传达上级和有关方面。这样便于集中兵力，有效打击敌人，从而构筑一种特殊的"参游为驿使，营叠皆传舍"的局面，取得很好的效果。

戚继光是位多才多艺的将领，对练兵、治械、阵图、驿传等均有创见，著有《横槊稿》、《纪效新书》、《练兵实纪》等。他在一首绝句中咏道："南北驱驰报主情，江花边月笑平生。一年三百六十日，多是横戈马上行。"这是他极其重视军情驿传的生动写照。

清历代帝王很重视东北邮驿情况,康熙在位时,在黑龙江共设驿站二十个,雍正时又增设十站。官马北路系统中首要的一条,是通往大东北的干线。从北京经通县、蓟州、山海关到盛京奉天府(沈阳)的一段称为奉天官路,从奉天向北延伸,经吉林、齐齐哈尔通往黑龙江城(瑷珲)一段称龙江官路。从吉林城通向宁古塔、伯力以至庙屯的一段称做吉林官路。这两条道路受到清政府特殊重视。属于官马北路系统的还有一条是从北京经蓟州、遵化、迁安、喜峰口通往内蒙古的多伦与呼伦(海拉尔市南)的呼伦官路。

位于上述两条重要官路上的渔阳驿自然得到清政府的重视。《光绪顺天府志》记载,清中后期渔阳驿是京津地区最重要最繁忙的驿站,除通信、物流等量加大外,康熙四次、乾隆二十八次来蓟州,登盘山。这段时间,驿站配备驿马八十五匹、驴三头,供役人员有马夫四十三人、车夫二十九人、轿夫三十二人、驿皂十二人、驿书二人、兽医二人,共计一百二十人。驿马和人员配备为同期北京地区顺义驿、密云驿的2.5倍。渔阳驿设递铺十四处:总铺在城区;城东有花城铺、黄土坡铺、壕门铺、马伸桥铺、淋河铺,通往遵化;城西有贾各庄铺、孙各庄铺、邦均铺、白涧铺,通往三河;城南有山北头铺、现桥铺、别山铺，通往玉田；城北有杨各庄铺、黄崖关铺。共有铺司铺兵六十二人。渔阳驿及上述递铺构成蓟州地区稠密的邮传网络。

（7）公乐驿

公乐驿人们比较生疏。它位于渔阳驿西四十五里处，明时称"公乐店"的地方，在今蓟县白涧镇境内，是明"辽东边路"和"大宁三卫旧址路"邮传要道上一个陆路驿站。从京都向东，经过潞河驿、夏店驿、公乐驿，才到达渔阳驿。据资料推测，设置公乐驿的时间在永乐十年（1412年）左右。正德七年（1512年）废除夏店驿和公乐驿，在两个驿站中间的三河县设置三河驿，所以说公乐驿仅存一百年时间。这个驿站的存在史料见于明《寰宇通志》"馆驿"条："公乐驿，在蓟州西四十五里。"

公乐驿设置地白涧，是一个山青水秀的地方。"白涧秋澄"为蓟州八景之一。《蓟州志》卷一述："城西四十里，有一涧道，发于盘山，水色照鉴毛发，四时澄然如秋。"明朝蓟县有位诗人名崔雷，字教之，官居邓州、南道州知府，后升两浙运同。他的《白涧秋澄》诗尽述此地风光："抱谷怀山湛复停，一条素练绕云屏。玉绳冷浸三千尺，珠斗平涵数点星。白鸟常涂天外影，苍龙时露镜中形。分明幻出无尘境，几度游览眼

倍清。"

公乐驿和渔阳驿设置在明初，除为了加强和东北、蒙古交通联系外，军事国防意义尤为重要。明初北方边防由长城以北二三百里内移至长城一线，蓟州为"九边镇"之一，公乐驿在蓟内侧，战略位置也很重要。

天津除上述地区设置水陆路驿站外，尚有一些县境设邮传递铺。递铺也有驿站之职能，只不过规模小、服务功能少。比如乾隆十年《宝坻县志》述宝坻驿站条："驿有极冲、稍冲、僻递之分，宝坻乃僻递也。间设递马十一匹，奉文拨赴怀安县安站协济。雍正八年，将协济并在槽马，共裁三匹缴价藩库，现存马八匹、夫四名，共银一百八十四两五丝，遇闰按月加增，知县掌之。"宝坻境内递铺据康熙《顺天府志》记载，有总铺、朱家庄铺、崔家庄铺三个。又载，"马夫内有马夫、军夫、马牌……飞递等名目。""每马日给银伍分。"此外，宁河境内只有在城铺（总铺）一个。由于历史沿革原因，驿铺又不为史家重视，难免疏漏。例如宝坻有个三岔口乡，地处交通要道交汇处，设铺管理驿传，为递铺一类，时久人称此处为管驿村，而未见史书载。

8. 清末天津邮驿在文明和落后的较量中完成其历史使命

在清代,我国多民族统一国家得到进一步发展,疆域也进一步扩大。清政府对邮驿建设更为重视,在东北、北部、西北、西南边疆地区开辟许多新的驿道,设立新的邮驿机构。清邮驿大部分称"驿",军用的称"站",新疆、甘肃地区称"塘",蒙古地区称为"台"等等。清代邮驿隶属于兵部车驾清吏司,车驾清吏司下设驿传科、马政科、马档房、脚力科、递送房等机构。捷报处掌管递送文件,各省驿递奏折及批回奏折和军机处寄发的谕旨,皆经捷报处传递。军队则由兵部军乘司掌管军台、驿站牌票、贡马各项事宜,下设驿传、销算、配成三科分理军乘司务。

我国古老的邮驿,在清代发展到它的高峰后,不可避免地走向衰落。清初,康熙皇帝深切认识到置邮而传命实在重要,经过改革,确立了清一代邮驿制度,归纳起来有两个特点:一是驿站直接承担递送信息的任务,干线官马路上设驿,在无驿之县(区)设专用县(区)递,使政府邮驿下伸到社会基层。

二是邮驿由政府统一掌管，统一拨付经费。这两个特点都是在对前代经验教训分析后形成的，在管理制度上都有明细的规定，并在康乾时代大体得到推行，越轨并未形成风气，但到嘉庆道光以后便难以为继了。首先是驿驰频繁如织，官吏到驿馆餐住络绎不绝，加大了驿站负担。官吏每到一地，招待十分丰厚，远远越过依例供给标准。驿站一般不敢得罪这些钦差大臣，不管你如何享用，在驰驿尾单上总能填上"并无额外求索"字样。其次，统一安排邮驿经费收支，每一行省专设驿道库，做到专款专用，本是一项善政。实际上，当地方邮驿支领钱粮时，或驿道库借"手续不全"等招数索贿；或层层虚报驿站数、驿夫数、工料银、牛马价、车船费等，冒支钱粮，中饱私囊。在支发钱粮时，本在上报有名有姓的长雇中，有的是短雇，有的根本无其人。对驿站工作的马夫、厨师、轿夫等等，克扣盘剥已为常事，使本来还算严明的《给驿条例》之类，形同虚设。其他如清代皇帝"马上飞递运鲥鱼"，驿站"争华斗靡，曲意奉迎"，以驿传名义摊派雇觅，增加开支等等，给老百姓造成许多危害，古老邮驿已经日暮途穷。

北京图书馆藏有一部清代驿幕的《河西务日记》，日记起自光绪十三年（1887年）八月二十五日，止于十二月二十二日，是沈侨如担任顺天府武清县河西驿驿幕时所写。《日记》

以朴实的文笔和具体事例描绘清末驿站生活的实际,记录了一批有用资料。沈侨如管理河西驿时,只剩夫役三十名,仅为额设的五分之一,驿马二十四匹,经费几经裁减,驿丞撤销后兼管的县吏也撒手了。沈侨如是以幕友身份来主持驿务的,但这里已全无"极冲"大型驿站模样。

作者每月薪俸银六两,除管驿务外,还兼管集市上的税收工作,接手事务繁杂,甚至亲绘武清县图。作者笔下的河西驿是:官吏横行,骚扰驿道;假公营私,奉承上司;通信梗阻,拖延误事。陈旧破烂的房屋,行将倒塌的马棚,疲惫瘦弱的老马,冬无寒衣的驿夫……一派凄凉景象。

河西驿的变化并非偶然。早在同治六年(1867年),海关总税务司赫德就发布了"邮政通告",开始办理京、津、沪邮件业务。光绪四年(1878年)在河西务所在的京津古驿道上出现了近代邮政派出的骑差往返。清王朝在文明和落后的较量中发生变化。当时清廷的一位官员说:"咸同以来,西力东渐,轮船、铁路、电线(邮政)相继而起,官民便之,驿站亦几赘疣矣。"河西驿的没落证明,在新的先进的生产力面前古老的邮驿制度已无法抵御。奈何!

1878年3月,中国近代邮政创办,同年7月下旬在天津发行大龙邮票。光绪二十三年(1897年),大清邮政官局成立,驿站的作用日益削弱。辛亥革命后，1912年北洋政府宣布裁撤驿站。这样，三千多年的古邮驿在步履蹒跚地走完了漫长的历史行程后，终于随着最后一个封建王朝的灭亡而退出了历史舞台。

9．大运河的"水驿捷要歌"及"驿站里程表"

南北大运河北起京师北京，南达浙江杭州，是隋唐以后我国南北重要交通线。自元以来，天津地区运河段逐步设置河西务、杨村、杨青、奉新、流河五个驿站，其水驿站都为"极冲"级的，可见天津邮驿在当时的地位和作用。天津设卫建城以后，从应天府（今南京）至顺天府（今北京），沿大运河设置水驿46处。明·程春宇《士商类要》中的"水驿捷要歌"，以歌谣形式，依序记述明末南北两府间46处沿河驿所的名称、位置及联系，颇具史料价值，兹录如下：

"试问南京至北京，水程经过几州城？皇华四十有六处，途远三千三百零。从此龙江大江下，龙潭送过仪真坝。广陵邵伯达孟城，界首安平至淮阴。一出黄河是清口，桃源才过古城临。钟吾直河连下邳,新安防村彭城期。夹沟泗亭沙河驿,鲁桥城南夫马齐。长沟四十到开河,安山水驿近章丘。崇武北送清阳去,清源水顺卫河流。渡口相接甲马营,梁家庄住安德行。良店连窝新桥到,砖河驿过又乾宁。流河远望奉新步,杨青直沽杨村渡。河西和合归潞河,只隔京师四十路。逐一编歌记驿名,行人识此无差误。"

这首顺口韵雅的七言歌谣,通俗易记,为往来于大运河的士官学子、商人运夫等提供了一份旅行资料,因而博得好评,并广泛流行。

明朝南北大运河驿站里程表

序	驿	程	距离	序	驿	程	距离
1	京师	皇华驿	起程	24	济宁州	城南驿	120里
2	通州	潞河驿	40里	25	济宁州	鲁桥驿	70里
3	通州	和合驿	100里	26	沛县	沙河驿	60里
4	武清县	河西驿	100里	27	沛县	泗亭驿	90里
5	武清县	杨村驿	90里	28	徐州	夹沟驿	90里
6	天津县	杨青驿	120里	29	徐州	彭城驿	90里
7	静海县	奉新驿	60里	30	房山县	防村驿	70里
8	青县	流河驿	60里	31	邳州	新安驿	60里
9	兴济县	乾宁驿	60里	32	邳州	下邳驿	60里
10	沧州	砖河驿	60里	33	宿迁县	直河驿	60里
11	交河县	新桥驿	70里	34	宿迁县	钟吾驿	60里
12	吴桥县	连窝驿	75里	35	桃源县	古城驿	60里

序	驿　　程	距离	序	驿　　程	距离
13	吴桥县　良店驿	80里	36	桃源县　桃源驿	60里
14	德　州　安德驿	70里	37	清河县　清口驿	70里
15	德　州　梁家庄驿	70里	38	淮安府　淮阴驿	60里
16	武城县　甲马营驿	90里	39	宝应县　安平驿	60里
17	夏津县　渡口驿	80里	40	高邮州　界首驿	60里
18	临清州　清源驿	80里	41	高邮州　孟城驿	60里
19	清平县　清阳驿	70里	42	江都县　邵伯驿	65里
20	东昌府　崇武驿	80里	43	扬州府　广陵驿	45里
21	阳谷县　荆门驿	80里	44	仪真县　仪真驿	75里
22	东平州　安山驿	70里	45	句容县　龙潭驿	55里
23	汶上县　开河驿	70里	46	应天府　龙江驿	90里

（据明·黄汴著《天下水陆路程》卷之五资料编制）

10. 天津邮驿风情诗选

　　天津古代邮驿源远流长，幽燕大道贯穿境北。隋唐以后，道路、运河、海道四通八达。自元我国政治中心北移，御河畅通，津门交通邮传勃兴，宫廷重视，驿站繁盛，以致往来官员使者、文人客商、驿使运夫络绎不绝，留下许多感怀之作。这里选出有关邮驿地域风情诗篇若干，从中可见邮驿旧貌之万一。

(一) 河西驿（五首）

舟发张家湾　宿河西务

明·李东阳（文渊阁大学士）

苍茫正合尘中眼，缥缈真乘水上舟。
江月海云疑是梦，画图诗卷坐消忧。
沙边细浪随鸥鸟，树里青山入舵楼。
行过驿亭三十里，五更风急住滩头。

河西务早发

清·刘日萼（道光举人）

落落晨星大，荒荒海气蒸。戍楼咽霜柝，水驿闪风灯。
夷骑来往熟，尘沙感慨增。劫灰何代寺，我欲问胡僧。

晓发河西驿

明·林春泽（正德进士）

驿路遵河浒，归程近帝乡。野鸡寒唱月，戍角晓吹霜。
霄汉红云动，关山紫气长。江湖不尽意，望关更彷徨。

宿河西务

明·靳贵（弘治进士）

信宿河西务，离心日几回。望凝天阙近，门讶使东来。
寒气著人薄，晴光向客开。明朝须早发，匹马上金台。

河西务题壁

清·杨光仪（咸丰举人）

一雨消尘坱，登车怯晓凉。鸡声催日出，马影过人长。
林际月无色，草头风有光。麦苗枯又活，饼饵待新尝。

（二）河西驿至杨村驿运道间（四首）

潞水帆樯

清·吴合伦（雍正文人）

西指神京御水通，蒲帆乱射夕阳红。
粟输南国争飞挽，客近长安尚转蓬。
历历晚烟收极浦，依依晴树趁轻风。
往来阅遍沙头鹭，独立苍茫送去鸿。

自王家浦晚至杨村驿

清·查慎行（康熙进士）

土屋依沙堡，民屯半属官。树从王浦密，河自蔡村宽。

鸥外新芦壮，犁头旧麦攒。蒲沟行未到，月黑夜漫漫。

早发蔡村

清·金绍骥（乾隆举人）

五更风露冷，客子最销魂。马迹黄沙路，鸡声绿树村。
驿楼残月小，渔岸晓烟昏。频听疏钟度，经过野寺门。

杨村道

清·张霍

今复杨村道上行，间关能不动幽情？

野花一路开无主，水国千帆列作城。

双燕偶然同客语，数蝉随处作秋声。

漫云马上浑无事，敲遍西风句未成。

（三）杨村驿（三首）

舟次杨村

元·马臻（道士）

前望同舟远不分，打头风急御河浑。

蹇驴无力索船缆，行到杨村日已昏。

咏杨村驿

明·李时勉

小驿临河口,萋萋草草堂。门口一古井,阶下几垂杨。
寂寂尘生榻,喧喧鸟过墙。逢迎惟驿使,木偶被衣裳。

杨村阻风

李东阳

春风东来河水浑,惊沙走石天地昏。
舟人喧呼怒涛涌,海若战斗群龙奔。
首船咫尺不得上,去路仓皇安可论?
床榻几侧坐未稳,乘月夜过蒲沟村。

(四)杨村驿至杨青驿运道(五首)

北仓夜泊

清·李廷敬(乾隆进士)

澄鲜秋水接东溟,远浦潮回夜有声。
晴雨未知云太幻,沧桑一照月无情。
渔人艇自为村落,野戍楼还扬旆旌。
催放扁舟沽酒去,笙歌遥认柳边城。

发桃花口直沽舟中述怀

元·成始终

直沽洋里白沙村，百丈牵船日未昏。

杨柳人家翻海燕，桃花春水上河豚。

养高无计寻韦曲，援老何妨觅谢墩。

只待干戈平定了，草堂归隐独山门。

桃花口

清·田需（康熙进士）

午过潮痕寸寸生，邮亭长短数归程。

湿帆暮雨桃花口，一棹樵风送客行。

舟次直沽简彭彦实同寅

明·丘浚（户部尚书）

潞河澄澈卫河浑，二水交流下海门。

直北回看龙阙近，极东遥望蜃楼昏。

孤城近水舟多泊，列戍分耕野尽屯。

我有好怀无处写，欲沽樽酒对君论。

津门棹歌

清·沈峻（乾隆诗人）

家家门户对篷窗，白鹭飞来照影双。

桃柳桃花三十里，罟师都惯唱南腔。

（五）杨青驿（五首）

杨柳青

明·吴承恩（《西游记》作者）

村旗夸酒莲花白，津鼓开帆杨柳青。

壮岁惊心频客路，故乡回首几长亭。

春深水涨嘉鱼味，海近风多健鹤翎。

谁向高楼横玉笛，落梅愁绝醉中听。

行杨柳青道中

明·于慎行

鸣榔凌海月，捩舵破江烟。

杨柳青垂驿，蘼芜绿到船。

笛声邀落月，席影挂长天。

望望沧洲路，从兹遂渺然。

杨青驿马上口占

清·查礼（湖南巡抚）

闲云暧瑋野苍茫，路人烟村客思狂。
万顷桃花千树柳，一鞭收拾在诗囊。

舟泊天津

清·孔尚任（《桃花扇》作者）

津门极望气蒙蒙，泛地浮天海势东。
昏到晓时星有数，水连山外国无穷。
柳当驿馆门前翠，花在鱼盐队里红。
却教楼台停鼓吹，迎潮落下半帆风。

杨柳青夜泊

清·管干珍（漕运总督）

青青杨柳拂官河，小泊轻航系树多。
红蓼一汀鱼结队，白蘋双桨鸭冲波。
坐穷暮雨当窗全，月送风帆竞海过。
芳草王程心自凛，敢将幽意问烟萝？

（六）杨青驿至奉新驿运道间（二首）

过静海

明·翟祐(王府长史)

古县临河口,遗民住岸旁,荒田多废弃,破室半逃亡。
薄薄沽来酒,低低坐处床,舟人知往事,相对话偏长。

过独流

明·倪敬(正统进士)

独流清晓发,高下乱帆樯。潮入双塘浅,风高孤树忙。
荒祠烟火断,远戍角声长。男女勤生计,芦帘缉野凉。

(七)奉新驿(三首)

静海驿

明·文林(成化进士)

深夜驿途静,长河瀚海通。舟明沉水月,灯暗落潮风。
暝色浮烟外,春光欲雨中。年年苦行役,踪迹任飘蓬。

宿静海僧寺同侯主事

明·曾棨(永乐进士)

皇华千里客,何意此相逢。水郭春光早,邮亭柳色浓。
偶因牛渚棹,来听虎溪钟。明发孤舟别,相思隔几重。

舟次奉新驿，得戴侍御同年书，知于前驿相待，漫得二绝（录一首）

明·李东阳

一棹江南本归期，宦途多事独栖迟。

东风几度停舟意，惟有春潮日夜知。

（八）奉新驿至流河驿运道间（二首）

唐屯舟夜

清·查礼

路入唐屯趁夜行，船头吹笛月三更。

依稀记得年来事，灯火楼台笑语声。

雨后自静海晓发

清·阎符清

一夜风兼雨，归途趁晓晴，溪声喧野渡，云气湿孤城。

浪静扁舟稳，心安客路平。故园欣在迩，应慰倚闾情。

（九）流河驿（二首）

流河驿

明·瞿祐

河水涛涛不尽流，今来古往几春秋。

波涛不覆渔翁艇，馆舍长迎使客舟。

青眼有晴惟岸柳，白头无闷是沙鸥。

从今卸却尘缨去，一任沧波孺子讴。

过流河驿挽王侍御

明·薛瑄

停舟沽酒酹王君，忍见荒芜遍旅坟。

歧路可无人世别，星霜便有死生分。

青骢腾踏名犹在，白鹤旋归语竟闻。

俯仰几回增感慨，朔风吹断海西云。

（十）渔阳驿（二首）

早入蓟州

明·杨士奇（大学士）

极目平天际，青山画不如。彩云迎霁旭，翠柳带澄渠。

地重城逾壮，年丰廪有余。未应两歧咏，独系汉人书。

渔　阳

清高宗（乾隆）

渔阳古名郡，活野遍桑麻。士俗能知礼，民风喜不奢。

长途来百里，怀古忆三挝。恰值清明日，迎神晚出衙。

（十一）公乐驿（二首）

公乐驿有怀出关二公子

明·白范（黄州府同知）

武英同受诏，万里去从戎。自笑蝇随骥，番成燕避鸿。
心飞滦水北，魂黯蓟门东。回首崆峒树，依依夕照红。

游公乐亭

清·刘化风

苍茫无极似江乡，稻垄莲塘一味凉。
无数柳阴圆似笠，临风谁唱小沧浪。

11．北洋文报局

（1）驿弊导致文报局产生

文报局是清朝后期在驿站之外设置的一种通信机构，专递驻外使臣的来往文报。

邮驿是历代朝廷和各地官署为传递官方文书建立起来的官办官用的专门通信机构，从周代一直延续到清末民初，全国构成一个规模庞大、网络纵横的邮驿网，制定了系统的法律法规、章则制度。但早在清朝康熙、雍正、乾隆鼎盛时期，邮驿即已滋生弊端。至清末,驿站则已成为地方官吏侵吞国家钱财物品、中饱私囊及骚扰百姓的场所。虚报驿马,克扣草料,驿务荒废,致使文报稽延、通信梗阻的事故时有发生。明清时期全国每年用于驿站经费开支大约需银300万两,大多都是以赋役形式,直接或间接地从民间征收来的。而地方官吏却巧立名目,征收驿银,横征暴敛,敲诈勒索,营私舞弊,被称为"普天之下,极苦极累,为民间第一"的大祸害。这些,在封建王朝兴盛时期,尚能受到抑制;而在政治衰落时期则泛滥成灾,为一大公害。在这种情况下,清政府于1876年开始于驿站之外复设文报局,主要担负驻外使臣与国内的通信往来。天津设北洋文报总局,上海设上海文报局(世称南洋文报总局)。后因驿站制度松弛,文书传递迟缓,一些省会及大商埠也相继开设了文报局,传送官方文件。

(2)北洋文报总局概况

天津自1860年辟为通商口岸后,其地位日渐重要。为此,清政府于1861年1月任命崇厚为三口(天津、牛庄、登州)通商大臣,负责办理三口通商和外交事务。1870年"天津教案"后三口通商大臣改为北洋大臣,并由直隶总督兼任,管理直隶(今河北)、奉天(今辽宁)和山东三省。从1875年起,清政府开始向国外派遣使臣。他们与国内来往文报日渐增多,但又均需经由停泊于上海的外国轮船运寄。与此同时，天津除了与总理衙门和所辖三省及府属官厅公文往来外，还承担着清政府寄往国外和国外寄往北京大量文报的海陆转口重任。在津京古驿难以适应的情况下，天津成立文报局组织势在必行。

天津文报局称为北洋文报总局，初建时在直隶总督衙门内(今金钢桥附近)，设有总办、提调、文案、庶务、会计及发送、受信人员等若干名。以后迁至总督衙门邻近的河北三太爷庙后营业，办理从直隶总督衙门向上、下各官厅发送公文，并经管从北京寄往国外的官方文书，由轮船带至上海，交外轮寄出。冬令封港时，文报由天津至镇江骑差邮路转发上海文报局交外轮发出。

天津等地文报局成立不到两年时间，即从1878年3月23日开始，以天津为中心的近代邮政创办，开中国近代邮政之先河。近代邮政发展较快，几年时间便推广至各通商口岸，官府文件也开始由驿站转向邮政官局，官民皆称邮政递信甚捷。清末一些有识之士包括政府官员纷纷揭露邮驿制度之弊端，不时发表文章或上疏奏请"裁汰驿站"，"裁驿归邮"呼声四起。作为邮驿派生出来的文报局组织因时有代寄民信，在1897年大清邮政官局建立后，文报局视同民信局办法，向邮政官局登记挂号，才准予办理业务。《海关十年报告1892—1901年》附件证实,向邮政局登记挂号的北洋文报局递送地点为10处,即:北京、保定、塘沽、北塘、滦州、山海关、烟台、上海、广东及欧洲。运递方法以铁路、轮船为主,国内在途时间最短1小时,最长为5天,至欧洲大约需要35天(轮船),邮资按政府协定交纳。

各地设立文报局本意在于补驿站的不足,但由于财政来源困难,自身运递能力较差,所收公文信件大部分转交邮政部门发寄,文报局只能起到官署文件的收发作用。大清邮政官局建立后,许多文报都改发邮政官局寄递,文报局的作用日渐消失。至清末民初,各省文报局相继停办,与驿站一并淘汰。北洋文报局于1909年3月间宣布裁撤,直隶总督衙门等处所有公文函件改在邮政官局寄送,并照章交纳资费。为简化总督衙门递送各处文函交费手续,由收寄局津城第五邮政分局另立账簿,逐件记费,按月汇算一次,由津海关道(后改为劝业道)照数代收后转交邮政局。

1910年8月5日,直隶(北洋)驻京文报局成立,办理收递北京与直隶各衙门间往来的文件,局址在北京东安门帅府园内,与江南(南洋)驻京文报局合署办公,于民国初裁撤。

1912年以后,所有外发公文改由各官署自行送交邮政局寄递。1913年1月,北京政府宣布将驿站全部裁撤。1914年

3月起直隶邮区实行裁驿归邮,各衙署局所所有公文、包裹等件一律改归邮寄。凡盖有公章的衙署文件,可按单挂号邮资交纳,按双挂号办法寄递。至此,天津及直隶省内邮驿通信完全为邮局所取代,各省文报均交邮政局寄递,文报局的历史遂告结束。

二、天津古代邮驿

三　专营民信机构的出现

中国的民间通信由于为历代统治阶级所轻视，发展十分缓慢。而且在明朝以前，民间通信基本上是一种无组织的状态。到了明朝，农业生产水平有很大提高，带动了手工业和商业的发展，沟通南北交通的运河，以及京津间的惠通河在十五世纪初经多次疏浚而畅通，各地交通条件有较大改进，民间往来和商品流通范围日益扩大，对信息传递提出更高的要求。这样，专营通信的民间组织应运而生。

1. 全国的民间通信机构

(1) 民信局

在漫长的封建社会中，远戍边疆的征夫，浪迹天涯的游子，与亲朋好友终年不得相见，久而久之，思念亲人、怀念故乡的情感日益强烈，希望能有通信的机会。可是社会上没有这样的机构。书信只好靠熟人顺路捎带。又要是熟人，又要顺路，交通又不发达，捎封信是很难很难的。如再加上战乱频仍，更是难上加难。难怪诗圣杜甫要发出"烽火连三月，家书抵万金"的感叹了。所以，当时人们往往把偶尔收到的书信，当做珍贵的纪念品加以保存。秦代有两个士兵，一个叫黑夫，一个叫惊，曾托人给家里捎了两封平安信。他们死后，其家人将这两封写在竹简上的信作为陪葬品入葬，以安慰死者的在天之灵。汉代有一首古诗说："客从远方来，遗我一书札，上言长相思，下言久离别。置书怀袖中，三岁字不灭。"把偶尔收到的一封书信小心翼翼地放在衣袖中，不时地取出看看，竟坚持多年。可见那时一般老百姓对书信稀罕到了什么程度！

随着经济发展，民众往来增多，人们也越来越希望能有寄信的机构或组织。据记载，大约在明朝永乐年间，浙江宁波出现了私人经营的民间通信机构——民信局。它的出现有多方面的原因。首先，浙江一带经济比较发达，沿海城市更为突出。从这些城市到全国各地经商的人很多，他们需要有传递私人信件的机构来互通信息。再者，浙江文化也比较发达，尤以绍兴为最。绍兴人外出到官府衙门任职当幕僚的人很多，这些人被称为"绍兴师爷"。他们分散在全国各地，平时想写信或汇银给家人，也需要一个传递私人信件的机构。

由于民信局是为商民需要而创立，所以很受商民欢迎，进而从沿海向内地发展。有的民信局资金雄厚，善于经营，就在全国各地设立分局。也有的民信局实行联合经营，在全国范围内形成一个联系网络。

民信局是通称，简称"信局"，百姓也有叫"信局子"的。所用招牌和戳记名称为"××信局"。

(2) 侨批局

随着民信局的出现，在福建一带又出现了侨批局。侨批局即专门办理华侨通信、汇款的机构，因福建方言称"信"为批，故称侨批局。

早在宋、元时期，就有不少华人出国谋生。十四世纪中叶，到东南亚的华工已达十余万人。他们往往一去多年，杳无音讯，异国他乡两地牵挂，都盼一纸家书。

根据现有史料来看，最早的海外华侨民信业组织是清咸丰八年（1858年）在广东潮州设立的"德利信局"，以及光绪元年（1875年）开设的广州鸿雁信局，它们都较早经营侨批业务。广东、福建各海口和侨乡，以及海外华侨集中的地方，也成立了侨批局。

清光绪六年（1880年），旅菲华侨郭有品在家乡龙溪县流传村开办的民信总局规模较大，时称"天一批郊"。1896年注册为"郭有品天一信局"。"天一信局"的天一，取自董仲舒的《春秋繁露·深察名号》中的"天人之际，合而为一"，即天道与人道，自然与人合为一。用天作为徽志寓意天下一家，表达了创办人的仁爱之心，也缩短了海外华侨与故乡眷属的万里之隔。

光绪二十七年（1901年），郭有品病逝后，17岁的长子郭行钟在堂兄郭行端的辅助下接管了天一信局。郭行钟继承父志，精心经营，将天一信局改为"郭有品天一汇兑银信局"，分设银汇部和批馆，业务锐增，盈利甚多，分局逐年增设。

天一信局从1880年创办至1928年1月28日停业，历时48年。它是中国历史上规模最大、分布最广、经营时间最长的民间侨批局，其信誉之卓著、影响之深远、创办年代之早，在福建侨批史上占有重要地位。

(3) 麻乡约

"麻乡约"是一种古老的民间通信组织。相传早在明末清初时，湖北麻城县孝感乡的大批农民被迫迁往巴蜀垦荒。他们每年都推选人员回乡探望，往返带送土产和信件。这些人办事公正、严谨守信，人们称其为"麻乡约"。麻指麻城，乡约指当时农村中负责调解纠纷的管理人员。这是"麻乡约"一词的由来。

另一种形式的麻乡约大约创立于清咸丰年间。创建者陈鸿义的先辈当过"乡约"，而其本人犹有"乡约"遗风，加上面有麻子，人们便称呼他为"麻乡约"。陈鸿义以忠实勤快，博得赴滇任矿物大臣的唐鄂生的赏识和帮助，大约于1852年在昆明建立"麻乡约大帮信轿行"，在西南地区经营近百年。1949年全国解放前停止。

除民信局、侨批局、麻乡约以外，还有一种专门经营民间通信的"信客"。信客除经营信件银钱外，还有家具和鲜活物品。信客大多为一人经营或二三人合伙，奔走于民信局业务所不及的偏僻乡村，以浙江宁波一带人数较多。到清光绪三十四年（1908年）时，已形成了一定规模，成立了"宁波七邑信客联合会"，共有会员142人，并向宁波邮政总局挂号注册。

1934年交通部下令取消信客。抗日战争爆发后，宁波与上海两地交通中断、信息不畅，"跑单帮"盛行，信客再度活跃。新中国成立后，随着邮政事业的发展，信客业才停止活动。

2．天津民信局的发展

天津开设民信局的时间较晚，但发展较快。清乾隆年间，在北京繁华的前门外打磨厂，出现了4家经办商民信件的组织——民信局。随后，立即在天津设立分号。乾隆十六年（1751年）开业的广泰，乾隆十八年（1753年）开业的福兴润，乾隆二十年（1755年）开业的协兴昌，乾隆年间开业的胡万昌，嘉庆二十二年（1817年）开业的聚兴号，道光元年（1821年）开业的义兴号等北京民信局均在天津设有分号。同治年间，天津民信局发展到30余家，多设在商贾云集的北门外、三岔河口等繁华地带，并在京、沪、冀、晋、江浙和东三省设有分号或联号。据史料记载，天津民信局在直隶省有分号50家，省外有100家。光绪年间，因受近代邮政兴起的影响，天津民信局有所减少，计有巨兴杜记、协兴昌、福和、老福兴、福兴润、森昌盛、全泰盛、老亿大、义兴、亿成福、三义成、裕兴福、胡万昌、全昌仁、文茂、广茂、立成、益和、三盛、公益、天顺、三顺等20余家。清代，天津附近有的县也开办过民信局。像宁河县在大清官办邮局建立前后，有本地开设或外地分设的信局约20家，分布在芦台、宁河、汉沽、新河、北塘、军粮城、潘家庄、赤碱滩、东丰台等地。

天津最早开设的民信局是道光元年的巨兴杜记，经理杜桂岩，地点设在北门外小洋货街。巨兴杜记是由杜桂岩出资，与他人合股创办起来的，杜桂岩是主要股东。起初，规模很小，只有几个人，后来发展成几十人，规模不断扩大，并在北京设有分号。为使巨兴杜记在天津的民信局中占有一席之地，杜桂岩及时采取措施，规定凡是巨兴杜记店员一律签订合同，以保证信誉和服务。为了招揽业务，巨兴杜记的服务是比较周到的。熟悉的老主顾，寄信不用出门，只要把信写好放在家里就行了。到了晌午或傍晚，杜桂岩就会派人来收信。派去的人，大多态度和蔼，举止有礼。如果信还没有写好，他们会耐心坐等。商民如果要寄紧急信件，只要把信烧去一角，或者在信的封口处插上一根鸡毛，作为标志，在酌加信资的情况下，巨兴杜记就会火速给予寄递。当时巨兴杜记大多采用信差、脚力的方法来投寄。如果路途遥远，也利用轮船、铁路运递。能够送达信件的地点有：沧州、张家口、辛集、泊头、桑园、南宫、大营镇、郑家口、大名、获鹿等地。

此外，巨兴杜记在对待老主顾和大客户上可谓照顾有加。杜桂岩立一账簿，对老主顾或大客户应收资费进行记账，逢年节再结算收取。这样一来，又赢得了很多主顾。

民国元年，杜桂岩身染重疾，自知不久于世，便将巨兴杜记托自己的胞弟杜俊升接管，继续经营。直到1934年，在天津邮政局及军、政、警等机关督促下才宣告停闭。

天津民信局中规模最大的是全泰盛，为五家合一。裕兴福经理宋康盅起初在城内只家胡同创办民信局。民国二年，宋康盅去南方经营，临行前委派朱学林代办。陈之澄在估衣街万寿宫胡同创办森昌盛号民信局。陈之澄于光绪二十六年回南方经营，临行前交给朱学林代办，但仍用森昌盛执照。李估廷、陈芝祥也分别在估衣街万寿宫胡同创办了协兴昌号和全盛泰号。李估廷病逝后即交给朱学林代办，一直延续十余年。陈芝祥身患重疾，临终前留下遗嘱，将全盛泰交由朱学林代办，民国二年朱学林正式接管。鲍玉露在东门外三岔河口创办老福兴号民信局。鲍玉露病逝后，自民国二年委托朱学林代办，但营业执照却始终在鲍玉露的一个亲信王万春手中。至此，裕兴福、森昌盛、协兴昌、全盛泰、老福兴五局同是朱学林一人兼办，所以当时在天津声势浩大，无与匹敌。该信局不仅投送地点达全国各地,并在镇江、长沙、烟台等临海沿江地区都设有分号且有一定实力。全泰盛号在镇江的服务也很周到,店伙每天都等候最后一位主顾到来才停止营业。当时太古、怡和洋行以及招商局航行在长江上的轮船均为其带运邮件。在接运之轮船尚未靠岸抛锚时,店伙即先乘小驳船（本地称其为小划子）,将轮船带运的信件接运下来。为争取时间,在驳船上即进行分拣,驳船一抵岸边,便立即投送。他们还采取先重点后零星客户投送的方式,大宗的、大商号的均优先投送,以争取信誉。但老福兴、全盛泰号民信局也经常出事。据《申报》载,民信局店伙为在轮船靠岸之前抢先卸运,争先恐后,屡屡发生店伙落水溺毙惨剧。如1887年,镇江老福兴民信局店伙刘某,即因跳船抢登坠入江中,而且尸体打捞无着。当时邮政当局针对这类情况规定,凡未登记之民信局,予以缉查取缔。

据1902年调查,天津民信局登记在册的有：

　　　　全泰盛　　　　在估衣街万寿宫胡同南口

　　　　老福兴　　　　在东门外三岔河口

　　　　协兴昌　　　　在北门外万寿宫胡同内

　　　　森昌盛　　　　在北门外万寿宫胡同南口

　　　　福兴润　　　　在北门外锅店街杨家胡同

　　　　裕兴福　　　　在北门外万寿宫胡同西口

Via in Tientsin.
全泰盛信局

据查1934年邮政总局呈送民信局领照登记一览表中，全国民信局共有380家，分局922家。河北省登记的15家，其中天津8家，北京6家，保定1家。天津是：

巨兴杜记	在北门外小洋货街
协兴昌	在东马路天顺京报局
福　和	在东马路
老福兴	在天顺京报局
文兴号	在北门西路南
义兴号	在北门西
胡万昌	在河东大王庄景安里一号

三义成　　　在北门西
未登记的有：
　　　三顺昌　　　在北门外府署路南
　　　天　顺　　　在北门内路北胡同
　　　亿成福　　　在北马路
　　　裕兴福　　　在城内只家胡同
　　从整个天津民信局坐落地点来看，大多分布在城里或北门外、三岔河口等繁华地区。由于民信局寄信迅速方便，在群众中信誉较好。

3．民信局经办的业务与信资

（1）经办的业务

　　天津民信局经办的业务较广泛，经营方式也灵活，深受商民信赖。先后开办的业务有：

　　信件类　如书信、新闻纸、商业契约、有价证券、各项票据等。书信又分为四类：即普通信、挂号信、火烧信（即快信）、羽毛信。羽毛信以鸡毛插在信封上或其四角，表示加急快递。一般对羽毛信非常重视，由专人保管，专人投送，收费也较高。火烧信以火烧其一角，表示必须迅速送到。以上两种"快信"，民信局自不敢怠慢。

代寄包裹　由发寄人在包面上书明内装物品、价值，如有遗失，民信局则按所报价值赔偿。

汇兑业务　有的民信局与当地邮局交换汇票，有的由收汇人与当地民信局直接交换现款。

代派报纸　天津报纸业创办时间较早，民信局多与报馆联系批发大宗日报、杂志带往各埠，令送信人随时发卖。报馆付给折扣酬金。

对于上述业务，天津民信局收、投等方式，是在每次发班前，除正常营业外，再由脚夫向商号和住户挨家询问收取，或由送信脚夫沿途顺便收取。

（2）民信局的信资

民信局收寄信件的资费分为"酒力"和"号金"两种。"酒力"即普通邮资，普通信件丢失时不予赔偿。"号金"类似挂号费。寄送汇票或贵重物品时在信封上注明，由民信局开出收据，如丢失给予赔偿，所增收的资费为"号金"。一封普通信件的资费，光绪年间，直隶省内为制钱50文，省外100文。"号金"为保险价值的1%。民国初年，普通资费为天津本埠铜币1枚，本省铜币5枚，外省铜币10枚，挂号费为普通资费的两倍。民信局收取资费的方法灵活，由寄件人或收件人交付，或各付一半均可。通常是寄件人付"酒力"，收件人付"号金"。为了防止信差额外索要，民信局收件后，常在信封上加盖"酒力已付，勿索勿取"、"酒力已付，号金照给"等戳记，以维护信誉。

民信局收费形式大体可分为7种：一是以件数计者。不超过规定件数和里程；超过时，另加收资费。二是以距离计者。三是以重量计者，如包裹。四是以价值计者，如钞票及现金。五是以距离和重量计者，如贵重物品。六是以距离和价值并计者，如钞票、票据。七是以重量和价值并计者，如财宝及贵重物品等。

4．民信局的衰微与裁撤

十九世纪末，全国有总号、分号民信局几千家。而当时邮政官局只有二十多处。总理衙门呈请开办邮政时曾提出："凡有民局仍旧开设，不夺小民之利，并准赴官局报明领单，照章帮同递送。"实际上，新式邮政雄心勃勃，早想"吃"掉它，或同化它。赫德起初就主张把民信局置于大清邮政官局之下，把民信局改为大清邮政官局的代办机构。他们的目的当然是"官局与民局相辅而行,(民局)必被吸收无遗"。

(1) 民信局遭控制和排挤

从1896年到1899年,大清邮政采取了许多措施来控制民信局,首先是控制口岸的民信局,即轮船信局。主要措施有两点:第一,切断口岸民信局与轮船的联系。大清邮政官局与外商轮船订立合同,规定各外商轮船公司在中国通商口岸"只能承带中国邮政局随时所交来之信件","其余无论何人何信局交来往来中国各码头之华洋文信件,一概不得携带"。大清邮政章程规定:轮船进出通商各口,除承寄邮政局所交之信件外,所有之"船主、水手、搭客等俱不准携带邮政局应寄之信函等件","违者每次罚银五百两"。这样就等于宣布口岸民信局交轮船带运邮件为非法。第二,要民信局到邮政官局登记挂号,挂号后的民信局才可以把信件封成总包交给邮政官局转交轮船带运,每磅收费一角。

在限制民信局发展的同时,大清邮政对民信局业务采取一系列的竞争排挤措施:

开办快信业务。1905年在天津、北京、上海间首先开办快信业务,1907年在全国51个大城市推广。

扩大报刊优惠范围。1905年,把原规定周刊以下才享受新闻纸低资费寄递的办法,改为凡月刊以下,均可作为新闻纸寄递。

开办号信业务。借鉴民信局揽收银行与商人信件"编列专号专档保管"办法,对该类邮件及时投递。这一业务的开办,很受票号和大商人的欢迎。

此外,还开办乡村邮政,建立昼夜兼程邮路,增加城区信件开箱、投递频次,开办保险业务,开办农村代办所汇票等等。

民信局经过大清邮政的限制、挤压,业务量大幅度下降。加之民信局各自经营的特点,本来就难形成一个全国规模、步调一致的通信网络。在这种情况下,就更加固守在小规模的、各自为政的狭窄圈子内。因此,随着近代邮政的发展及其在组织经营上的不断完善,民信局日趋没落。

(2) 民信局的裁撤

随着邮区不断扩大,大清邮政具备了与私营信局相抗衡的实力。至1904年,大清邮政局所已达一千三百余处。1907年,直隶、山东省又试开了昼夜兼程的邮路,规定邮差平均每小时跑行速度为10华里,每天昼夜轮班跑行240华里,使天津——沧州,沧州——德州,德州——齐河跑行时限均缩短为两天,信件传递速度加快一倍。此后,邮政又发挥"大生产"

的优势，学民信局之长，补己之短，采取大幅度降低平信资费、广设局所、增办服务项目、改进服务等措施，与民信局展开激烈竞争。

民信局受到邮政局的多方挤压，日渐衰微，加以清末民初，民生困苦，盗匪横行，民信局脚夫累遭抢劫杀害，业务每况愈下，入不敷出，纷纷合并、关闭。至民国二十二年（1933年），邮政发展已相当普遍，公众到邮局寄信，不论城乡均感便利，而且资费低廉。民信局已形同虚设。邮政总局经呈奉交通部批准，指令所有民信局限至二十三年（1934年）年底逐渐停止营业。交通部复于二十三年三月，训令邮政总局转饬各邮区，限于届满前妥为布置，不得再延。具有四五百年历史的民信局逐步被淘汰，全国邮权遂告统一。

天津民信局自1935年1月1日全部停止营业。虽然民信局代理人华云锦等向交通部提交诉愿书，要求缓期停业，但终未获允准。天津邮局向各民信局索回执照，其中老福兴、巨兴杜记、胡万昌三家均催回。其余四家协兴昌、三义成、福和、文兴均停业，人去房空，无法追回。

四　近代邮政的创办

1840年的鸦片战争后，中国沦为半殖民地、半封建社会。19世纪60年代，清廷内以议政王奕訢为首的封建官僚集团，为了维护清王朝的统治，主张借西方的"战舰之精"和"机器之利"，以"求富""自强"为口号，在外国资本主义的扶持下，兴办军事工业和民用工业，兴起了历史上的洋务运动。在这一运动中，仿照欧洲办法设立邮政，开始列入清政府的议事日程。

清光绪二年（1876年），总税务司赫德请设送信官局。总理各国事务衙门就此致函直隶总督兼北洋大臣李鸿章征求意见。李随即向总理衙门建议并获同意，由赫德主持，以天津为中心，在北京、天津、烟台、牛庄（营口）、上海五处试办邮政。1878年3月23日,天津开始收寄华洋公众信件,中国近代邮政由此发端。历经十八年的创建与推广,中国近代邮政在沿海、沿江各大商埠开办起来,并且规模不断扩大,最终经光绪皇帝批准得以向全国推广。

1. 海关兼办邮递

(1)《天津条约》的签订

第二次鸦片战争期间,英法联军兵临天津之际,英国强迫清政府签订了不平等的中英《天津条约》。关于邮权方面,中英《天津条约》第四款中明文规定:"大英钦差大臣并各随员等,皆可任便往来。收发文件,行装囊箱,不得有人擅行启拆。由沿海无论何处皆可送文,专差同大清驿站差使一律保安照料……"清政府同时签订的中法《天津条约》以及先后同丹麦、西班牙、比利时、意大利等国签订的条约,都载有类似的条款。其他未签约的国家,也都援例享有同等权利。这样不但把帝国主义侵犯中国主权的行为进一步合法化,而且清政府从此承担了保护各国驻华使领馆信差自由来往于中国沿海各地的责任。

1861年，英国、法国、俄国、美国等国家根据中英《北京条约》在北京设立了驻华使馆。为了安全起见，各国驻华使馆来往文件改交新成立的清政府总理各国事务衙门，转交驿站代寄。广州海关副税务司、英国人赫德赴京晋见恭亲王奕䜣时，曾建议：中国应仿照西法，兴办国家邮政，结束邮务方面的无序状态，开辟新的国家财源。很快，清政府洋务派主要代表人物李鸿章成为创建中国近代邮政的主要支持者。根据中英《天津条约》补充条款海关税则规定，中国关税由中外双方议定税则扩大为由外国直接管理。从此，控制中国关税成为英国的势力范围。先是由李泰国任中国海关最高领导人——总税务司。1861年赫德成为代理总税务司。从1863年起，赫德实任中国海关总税务司达半个世纪。这为他日后介入兴办中国近代邮政提供了条件。

　　1865年8月，总税务司署由上海迁至北京，海关来往文件由驿站改交总理衙门代寄。这些文件大部分往来于北京、上海之间。当时适值太平天国和捻军等农民起义风起云涌，活跃于中国南北诸省，战事不断。而对各国在华邮差邮件安全，总理衙门负有"保安照料"之责任，为此深感担惊受怕。在此以前，总理衙门就有把递送各国使领馆文件的工作交给赫德办理的打算，而赫德也早有涉足中国邮政的愿望。一方想推，一方愿揽,一拍即合。于是,双方于1866年达成协议,将邮递任务移交海关兼办。

(2)海关兼办邮递

赫德与总理衙门签订承办各国使馆文件协议后,即开始着手准备。从1866年12月起,北京、上海、镇江、天津等海关先后设立邮务办事处,上海海关开始办理上海、天津、北京之间的冬季邮运,但只限海关本身公私信件和各使领馆以及同文馆的邮件。1867年3月4日,赫德公布了邮件封发时刻表和邮寄资费,办理京、津、沪之间往返邮件和自欧美发来的邮件。具体办法如下:①北京寄天津和上海的邮件,每星期四中午由本署封发一次。②天津寄北京的邮件,每星期六下午二时由天津海关封发一次。③自欧美寄来的邮件于星期日至星期三期间运到天津并交税务司的,由津京专差递送北京;星期四至星期六到达的邮件,由信差于星期六递送北京。④凡每届交费银30两的,每次由北京封发邮件时,得享有随寄邮件一袋的权利,但是重量不得超过三斤。⑤各地寄交上述北京纳费人的邮件,至少每星期由天津发来一次;倘因递送外来的笨重邮件发生额外费用,须于每届年底即12月15日由各交费人均摊。⑥凡寄递非纳费人的来往信件,其重量不超过一英两须向其收银4分;信件重量超过一英两但不超过四英两收银二钱;信件重量超过四英两但不超过八英两收银五钱；新闻纸每件收银二分。1868年1月7日，天津海关邮务办事处开始扩大收寄外侨的信函。

海关兼办邮递是在特定历史条件下形成的，是中国近代邮政的尝试和雏形。

2．以天津为中心试办邮政

（1）马嘉理案件与《烟台条约》

英国等帝国主义国家不仅以东南沿海为根据地，向长江流域扩展其势力范围，而且把侵略的黑手伸向了中国的西部，即云南、西藏和新疆等地区。1874年，英国又一次组织"探险队"，由上校军官伯朗率领，人数约有二百。这实际上是支武装部队。英使馆还派了个书记官马嘉理前往参加。伯朗的部队于1875年初从缅甸越过中国边境后，遭到当地中国人的顽强阻击，入侵者被迫退回八莫，马嘉理则在蛮允被打死。英国方面立即抓住这个题目，掀起了一场外交风波。英国驻华公使威妥玛在伦敦政府指使下，向清朝政府提出了范围极为广泛的无理要求，连妥协成性的总理衙门官员都无法接受。威妥玛扬言,如不接受这些条件即诉诸战争。面对这起案件和威妥玛蛮横无理的态度,清政府慌乱异常。除在京与其周旋外,同意派北洋大臣李鸿章为全权代表,于1876年9月与英使威妥玛谈判。而李鸿章的助手则是海关总税务司赫德和烟台海关税务司德璀琳。此次谈判中,李鸿章全部接受了威妥玛的要求,签订了《烟台条约》。谈判期间,赫德每晚都去拜见李鸿章,并献策:"如邮政亦可视为该约范围之内,总理衙门即可核准(由英人)创办全国邮政"。谁知威妥玛的主要目的在于进窥西藏,进而自由来往于中国内地,免去内地厘税等等。他与赫德又有私人矛盾,恐赫德有功,于己不利,因此反对将"开办邮政"列入《烟台条约》中。对此,赫德后来抱怨:"可惜那时跟我作对的人,故意不声不响。"每念及此,赫德总是耿耿于怀。由于《烟台条约》谈判成功,赫德得到英国议会的称赞,德璀琳也因在修改税则中立了"功劳",而被提升为天津海关税务司。

(2) 赫德请设送信官局

通过《烟台条约》的签订,赫德又一次取得李鸿章的信任,进一步巩固了他在华的地位。为了开设中国邮政,他经常向清政府建议,历数办理邮政的好处,并不断介绍英国开办邮政的成绩。他还拿着早已拟好的关于中国办理邮政的方案,百般利诱并威胁清政府:"如果中国不开办邮政,那就不怪各国越俎代庖在华设立邮局。"赫德还特别强调,邮局必须由海关办理。否则,就不能取得各国的信任,各国就不肯裁撤在华所设邮局。就这样,赫德的建议虽然没有得到英国公使威妥玛的响应,却得到了总理衙门奕䜣和洋务派李鸿章的支持。李鸿章鼓励赫德先在海关内试办邮政,如有成效,愿出面向皇帝奏请批准。

1876年,赫德向总理衙门建议设立送信官局。总理衙门表示认可,遂于是年闰五月,总理衙门交总税务司单内有通商口岸及就近地方设立送信官局由总税务司管理之议,并函商于北洋大臣李鸿章。而李鸿章正主办洋务运动,深感中国的驿递法的确需要改革,在《烟台条约》谈判中,又不时听到赫德的"献策",遂于1878年初答复总理衙门表示同意。

(3) 李鸿章函请总理衙门以天津为中心试办邮政

李鸿章在答复清总理衙门函中,积极建议由海关总税务司赫德主持,并以天津为中心,在北京、天津、烟台、牛庄(营口)、上海五处海关仿照欧洲办法,试办新式邮政。李鸿章之所以选择以天津为中心,与天津所处的战略位置有关。

第二次鸦片战争以后,帝国主义列强以天津为突破口向内地蚕食,直逼北京。他们加紧对天津的瓜分,加速了天津的殖民化进程。天津是北京的门户，帝国主义控制了天津以后，不仅从政治上、军事上威慑清王朝，而且占据了海陆与南方之间通往北京的交通要津，以天津作为掠夺中国北方资源和向北方市场倾销洋货的集散中心，从政治、经济、文化、军事等诸方面进行一系列的侵略和掠夺。清政府极其重视天津的战略位置，认为"天津失而京都亡"，"京都定而天津兴"，称天津为"畿辅屏障"，派得力亲信任直隶总督，长驻天津，守卫京畿。北方开放商埠时，奕䜣觉察到天津距离京城较近，若无大员驻津商办，尤恐诸多窒碍。遂派崇厚为天津、牛庄、登州三口通商大臣。崇厚在任期间，天津的洋务开展得并不兴旺。1870年，李鸿章调任直隶总督兼北洋大臣后，以天津为中心的北方洋务运动有了较大发展，对推动中国近代工业的发展起了积极作用。

李鸿章（1823—1901年）字少荃，安徽合肥人，出身于地主家庭。1847年进士。1853年奉命在原籍办团练。1858年入曾国藩幕，不久受命编练淮军，并参与镇压太平天国及捻军农民起义。1870年至1895年任直隶总督兼北洋大臣，长达二十余年。他手中持有清帝专门发布的上谕和礼部颁发的钦差大臣关防。不仅管辖着直隶（今河北）、辽宁、山东等三个省的洋务，还统率海陆军队。他有权在天津代表清政府接见各国使节，签订条约，使直隶总督衙门几乎成为中国的第二政府。李鸿章在天津任职期间，先后接办天津军火机器总局，办开平矿务局，修津榆铁路，设天津电报局，开造币厂以及设立水师学堂和武备学堂，建立北洋海军等等。他还奏请在上海创设轮船招商局，派遣留学生出国学习先进科学技术。李鸿章身兼二任，靠着天津得天独厚的地理位置，大办洋务，使天津成为北方的洋务中心，对于天津成为中国近代工业基地之一，起了积极的作用。同时，邮政作为全国经济、政治、军事活动的基础设施必不可少，引进欧洲邮政先进办法势在必行。天津既是北京门户，又是海陆联运及南北方沟通海运的枢纽。李鸿章坐镇津沽，遥控京城，因此，在洋务运动中开办的中国近代邮政以天津为中心便顺理成章。

（4）赫德指派德璀琳负责筹办

试办新式邮政，赫德得到了李鸿章的积极支持，并经清政府总理衙门批准。

赫德（Robert.Hart，1835—1911年），英国人，1854年19岁时来到中国。先后担任宁波、广州的英国领事馆翻译。1859年成为广州海关副税务司，1861年任代理海关总税务司。1863年被任命为海关总税务司，深受奕訢的赏识，成为洋务派办理洋务的"洋顾问"。他凭藉手中的权力，以大批税款源源不断地接济清军军饷,帮助清政府向外国购买火轮和枪炮,镇压农民革命。洋务派在创办军事工业的前期,主要是依靠"拨留洋税二成"来维持。因此,洋务派不仅在经济上依赖海关,还想借助赫德来抵制顽固派。赫德经过十多年海关兼办邮递的经验,试办新式邮政的想法更加成熟。

赫德接受在海关试办邮政的任务后不久,因赴欧洲参加巴黎国际博览会等向清政府请假一年。为此,他将海关总署事务交由他的内弟裴式楷暂理,而邮政事务则想到了津海关税务司德璀琳。启程前,他于1878年3月9日赶赴天津,专门拜会了李鸿章,并经李鸿章同意,指派德璀琳负责以天津为中心,在北京、天津、烟台、牛庄(营口)、上海五处,仿照欧洲办法,办理邮政。

德璀琳(Gustar.Detring,1842—1913),德国人。1868年初到天津时,只是个四等文书。5年后开始任镇江海关税务司。1876年在任烟台海关税务司时,因参加中英谈判,其才能得到中外上司的赏识,1877年被提升为天津海关税务司。他在天津的任职时间,几乎与李鸿章主政天津的时间相同。李鸿章经常让他直接插手洋务和充当外交助手。舆论普遍认为,德璀琳对李鸿章有着强烈的影响,以致外国人视德璀琳为清王朝"实际上的外交部长",说"北京的外交使团要不先来到天津见过德璀琳先生与李鸿章之后，是什么也干不了的"。德璀琳多次受到清朝廷的赏赐，先后被授予一、二品顶戴花翎和三个等级的双龙宝星勋章。这样，加上德璀琳与赫德关系密切，赫德指派德璀琳筹备邮政事务也就不难理解了。

津海关税务司德璀琳

（5）天津率先收寄华洋公众邮件

德璀琳接受赫德指派后，经过短暂的筹备，将原天津海关所属邮务办事处撤销，成立海关书信馆。

1878年3月23日，津海关税务司德璀琳率先在天津发布公告，天津海关书信馆向公众开放，开始收寄华洋公众信件，

天津海关大楼

中国近代邮政由此发端。从这一天开始，中国公众开始有了使用官办邮政传递信息的权利。民信私札，第一次堂而皇之地跨进了邮局的大门。公众之间的距离为之缩短，生活节奏加快，交往密切起来，从此开启了中国邮政通信的新纪元。1878年3月23日，是中国邮政史上的里程碑。

随后，德璀琳组建了津京骑差邮路，开辟了以天津为中心的海运邮路，冬季期间另辟陆路邮运线；制定了邮资标准，发布了第一个邮政通告；函请上海海关造册处先后印制5分银、3分银、1分银三种面值的邮票（史称"大龙邮票"），并由天津陆续发往全国；为收揽商民邮件，与民信局竞争，招商开设了第一个邮政代办机构——华洋书信馆，等等，使近代邮政日臻完善。

中国近代邮政与旧的通信方式相比,其突出特点在于:①它是在中国国土上兴办的新式通信业;②它是在中国近代历史条件下兴办的;③它是由中国官方组织创办和经营的;④供官方、商家、百姓同时使用,即通政、通商、通民三位一体;⑤实行均一的预付邮资制——发行和使用邮票。

需要说明的是,海关是中国政府的一个官方行政机构,每年收取的关税上交清政府国库。赫德、德璀琳等外籍人员是食中国俸禄的政府官员。海关奉总理衙门之令试办近代邮政,自然是中国官方试办邮政。

1879年12月22日,总税务司赫德发布通令指出,邮递业务继续办理,并逐渐向其他口岸推广;邮务总办事处暂设天津,派津海关税务司德璀琳负责管理各海关邮递业务,进一步明确了天津作为中国近代邮政创办初期的组织和指挥中心的地位。

(6)发布第一份邮政公告

1878年5月1日,德璀琳在天津签发了第一份英文《邮政公告(Postal Notification)》,规定了邮政资费标准。5月16日,德璀琳将这份英文公告分别寄给牛庄、烟台和上海的海关税务司,请他们"根据当地的情况,加以修改后公布","并将修改后的《通告》稿",及实施该《通告》的日期"惠告"。1878年6月7日,德璀琳给赫德的第64号呈文,专门提到"天津海关书信馆5月1日的邮递公告……已于5月18日开始实行了,从那天起到该月底,按照已定的邮资表,收寄北京信函的邮费约12元"。

1981年,该公告在上海海关档案馆被发现,其要点为:

1. 天津海关书信馆信差于每天下午4时30分至10时30分之间出发,前往北京。除遇大雨或洪水外,信差将于16个小时内将邮件送达北京。

2. 海关总税务司署书信馆于每天正午派出信差,该信差只携带寄往天津、牛庄、烟台和上海的邮件。

3. 津海关书信馆在开赴牛庄、烟台、上海的轮船启航时发出有关邮件。

4. 邮资由寄信人按照下列邮资表支付:

信函和公文每重半英两,北京、天津间收关平银3分;北京、天津与牛庄、烟台、上海间收关平银5分;新闻纸不分地区每重半英两收关平银1分。

5. 如不逐件预付邮资,可申请使用《邮资登记簿》,按月结算收费。

上列规定自本月15日实行。

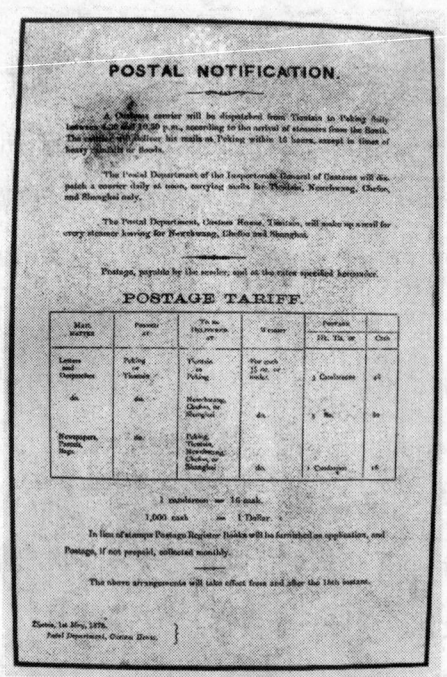

"五一公告"

这就是中国近代邮政诞生后,第一次从天津发布的国内邮政资费表。史学家通称为"五一公告"。

3. 开辟海陆邮路

(1) 海运邮路

中国近代邮政运输是从海运起家的。开始,沿海几个大口岸之间和沿海口岸与北京之间的通信往来,主要依靠海上运输。1878年以后,天津与北京及沿海口岸通信往来,除津京间另行组建骑差邮路外,还组建了天津至牛庄、烟台、上海三条海运邮路。津海关税务司德璀琳一方面请准北洋大臣李鸿章命令各运粮兵船免费带运邮件,另一方面与招商局、太古轮船公司(后又增加怡和轮船公司)签订免费带运邮件协议。每逢春末秋初季节,因海河水位低轮船不能驶入海河时,天津寄往南方各处的邮件均由骑差送至大沽,交付泊于该处的轮船。冬季北方港口封冻,海运邮路阻断时,邮件改由陆路寄递,以保持常年运邮,直至1896年,18年时间基本未变。

1897年10月25日,总税务司向总理衙门呈请开设新的冬季海上邮运线路,即烟台—北戴河线,以期替代陆路运输。经批准后试验结果表明,北戴河海岸不宜停靠轮船,而秦皇岛港却适宜于轮船停靠装卸。于是,从是年开始,上海—烟台、烟台—秦皇岛联运的海运邮路正式运行。以后每届冬令,塘沽港冰封,则启用秦皇岛港以通海运。1900年10月,秦皇岛港建筑突堤码头后,使轮船停泊、接发邮袋更有安全保障。因此,在1901年至1902年冬季封河期间,天津与南方的海运邮件统由秦皇岛港经转,停办上海、天津间取道镇江的陆路邮运。

1903年11月,总邮政司署与12家轮船公司签订带运邮件的合同,载邮船只大为增加。1904年天津与青岛之间建立定期海运邮路,每周两班。至1912年津浦铁路通车之前,天津与上海、福州、广州等地的邮运往来完全依靠海上运输线。

(2) 骑差邮路

近代邮政创建伊始,便组建了天津至北京的骑差邮路。该条邮路全长250华里,1878年3月26日起试跑,4月1日起正式跑行。每天由天津、北京两端各发邮班一次,沿途在杨村、河西务、张家湾设立中继站。该邮路由津海关听差胡永安负责承包并与德璀琳签有合同,由骑马信差逐日带运邮件,限重40磅,限12小时到达。天津邮班每天傍晚发班,次日清晨抵达北京;北京邮班每天下午4时出班,次日清晨到津,以赶发出港的船只。合同明文规定,除了遇到很坏的天气或特殊情况外,如果信差超时就要受罚,提前到达的则给予奖励。如果带运海关书信馆以外的邮件,承办人则要罚银50两。海关每月付给承办人胡永安银110两维持这条邮路。信差穿有规定制式的号坎,上面有"津海关信差"字样。胡永安为保证合同的实施,雇用8名信差,备马8匹。天津和北京各设信差1名、马1匹,杨村、河西务、张家湾中继站每处各有信差2名、马2匹。从发班局每到一个中继站换人换马,接力跑行。

津京骑差邮路自1878年3月26日开始,到5月15日,实际的全程时限平均为17.5小时,最快的需要14小时,最慢的则达到了29小时之多。由于骑差连日奔波,疲惫不堪,或马匹病倒不起,或信差从马背上摔下来的事故时有发生。夜间行路有时迷失方向,徘徊不前,以致耽误了行程。德璀琳对骑差未能按照合同规定的12小时时限跑完全程起初很不满意,感到很不理解,他认为2月间曾经亲自骑马试跑一次,没费很大力气就在12小时内走完全程。其实,德璀琳那次试跑与每天骑差跑班的情况有着明显的不同。第一,德璀琳是在白天试跑,骑差都是夜班跑行,速度不可能一样。第二,他试跑只此一次,而骑差是天天夜里跑行,人困马乏。第三,骑差跑班要驮运40磅重邮件。第四,天气变化因素阻碍骑差跑行。经过几个月的实践,德璀琳逐渐认识到骑差夜间跑班的艰难。他在1878年6月7日写给赫德的呈文中曾经讲述了一位骑差的故事:"有一次他带着发往北京去的邮件,走到蔡村附近时从马背上跌落下来,跌到一个沟渠里。他起来把马牵回,又骑上马往前走,以为是向北京的方向前进,结果却又走回他四小时以前接运邮件的那个中继站杨村。这个信差是一个有经验的老手。他的不幸事故是道路的变动情况所引起的。冬季田地里被行人踏成的小路,经农民重新耕过,并且掘了沟渠以阻行人。"

从这段描述中可看出骑差是多么的辛苦。后来，经承办人再三要求，把每月承办费用增加到120两至150两，但行程的时长仍然没有少于17小时。

1879年冬，胡永安又选雇从事邮务的巡役3人，扩充信差11人，马增加到14匹，以求加快邮运速度，但收效并不明显。到1895年，因津京间邮运业务量逐年增长，运能与运量的矛盾越来越突出。除了每日保持骑差邮路外，另增加了大车重件邮班，先后购置6匹骡子和两辆大车，实行轻重件分运办法，每星期往返各一次。

每逢初冬时节天津封河期间，另建立天津至大沽的骑差邮路，作为陆运与海运衔接的纽带，全长90华里，行程约3小时。

(3) 冬季骑差干线邮路

冬季北方港口封冻期间，海运邮路停驶。为保证邮运不断，组建天津—齐河—镇江、天津—齐河—烟台、天津—山海关—牛庄三条冬季骑差干线邮路。

天津至镇江线全程2000华里，其中陆运部分约1700华里，是封冻后沟通南北通信联系的大动脉，每隔一天两端互发邮班一次，需时12天左右。1878年12月16日开始时设有骑差40名，途经静海、沧州、德州到齐河，由齐河过黄河后经泰安、沂州（今临沂）、清江浦（今淮阴市）等地约1700华里，由清江浦再改水路300华里至镇江。

天津至烟台线是利用天津至镇江邮路的天津—齐河段带运，再衔接齐河—烟台邮路，全程1700华里。该线烟台出发途经黄县、潍县、章邱、济南等地到齐河，与天津骑差交换邮件后返回烟台，每天发班一次，全程需时7天。

天津至牛庄线于1878年11月24开始跑行，全程1200华里，每周往返一次，需时8天，由13名信差接力运送，一段从天津出发至山海关，另一段由牛庄出发至山海关，两段信差在山海关会合交换邮件后，各自返回出发地。津海关在齐河、山海关各派听差一人监督交换邮件事宜。

1878年至1879年，经人介绍，德璀琳将天津至镇江骑差邮路承包给住在天津的一个山东候补武官佟在田。然而，此人不务正业，毫无管理经验，加之因犯下大案被通缉，以致津镇骑差邮路开通不久，山东巡抚文格以开办邮路未经禀明获准和缉拿在逃犯佟在田为借口，下令在泰安、德州等地拦截骑差、扣留邮件，严重干扰了邮路的正常运行。津海关税务司德璀琳得知此事后，一面紧急呈报李鸿章，一面立即派海关人员邓启贤前往挽救，解除了与佟在田的合同，并将事件经过上报海关总税务司转呈清政府总理衙门核察。山东巡抚文格因迫于各方面的压力,终于被迫释放骑差,发还邮件。事后,德璀琳指派对邮运事务有一定经验、承包津京骑差邮路做出成绩的胡永安重新组班,由李鸿章签发新护照,恢复津镇邮路的跑行。德璀琳委胡永安为总信差,承办天津至牛庄、天津至镇江、天津至烟台冬运骑差邮路。胡永安重新整顿了邮运组织机构,雇用的信差都是天津府人,大多数人都在私营信局供事五年以上。同时,为保证畅通及安全,胡永安还雇用了几名退役武官,分段检查、监督邮件的传递交接,使这条邮路自山东事件后一直顺利运行下去。

1879年12月初,听差王明山率领18名信差向镇江海关税务司报到,开始北方陆路运邮。从镇江出发,先用快船至清江浦,然后信差弃舟登陆,用驴或骡驮运邮件,经山东沂州、泰安,在齐河槐树店渡黄河后,再经德州、沧州、静海,抵达天津。在齐河槐树店渡黄河,由天津另派听差汪恩荣专门主持。每次押运邮件,由两名信差共同负责,牲畜每行60华里更换一次,信差每天步行16小时,休息8小时。每次从天津或从镇江出发的两名信差,均全程押送,中途换牲畜,不另换人,以明确每一班次的运送责任与时限。

1888年,胡永安将津镇邮路上的清江浦中途站改在宿迁县以南的仰化集。当时承运邮件所用牲畜,均由当地的刘家客店负责提供。刘家店的老板刘万禄在苏北、山东乃至津京一线声名显赫，官道、黑道都通。凡雇用他的牲畜、车辆，打着刘家店的旗号，一路通行无阻，可以保证人身及货物安全。因此，津海关与刘万禄签订了冬季运邮牲畜包运合同。刘万禄去世后，由其子刘长春继续经营。

　　骑差邮路开办以来运量年有增加，特别是津镇、津京邮路运量较大，开支逐年增加。1897年7月，天津至塘沽间利用火车守车运邮后，停办了天津至大沽骑差邮路。同年9月5日津京铁路通车后，津京骑差邮路停止跑行。1900年八国联军入侵期间京津火车停驶，邮运靠步班跑行三四天才能到达，后恢复津京骑差邮路，行程需31小时。迨火车恢复运行后，1901年2月19日津京骑差邮路宣告停办。是年冬季，启用秦皇岛港运邮后，津镇、津烟骑差邮路停止跑行。天津至牛庄骑差邮路原在山海关交换邮件，津榆铁路延伸锦州后，1899年10月起改在锦州交换邮件。1902年天津至牛庄铁路全线贯通，津牛骑差邮路停办。

4．中国第一套邮票——大龙邮票

世界上第一枚邮票1840年诞生于英国。

1837年，从事教育工作的罗兰·希尔有一次在他住的旅馆里，看到邮差给旅馆的女工送来一封信。女工接过信看了一眼便退还给了邮差，说了一句："我付不起邮费。"原来，两位年轻人事先曾约定，只要男方身体健康就在信封上画一个圆圈。女方看到这个符号，便不必付费收信了。这件小事深深触动了罗兰·希尔，他深感向收件人收取邮费的不合理性，认识到必须改革邮资交纳方式，实行预付邮资办法，并且邮件不分远近，实行"均一邮资制"。他的改革主张，得到英国商民的广泛支持。1840年，由罗兰·希尔亲手设计的邮票——黑便士邮票问世，英国邮政改革获得成功。从此，世界各国邮政先后采用了这种办法，相继发行邮票。

（1）筹议印制邮票

在海关试办邮政以前，海关总税务司赫德及德璀琳等人就已经开始酝酿印制邮票的方案。1877年3月，德璀琳调任津海关税务司不久，即在向赫德提交的筹办邮政备忘录中提出：

"邮票是简化账目"的好办法，应"即向英国订购印制邮票的工厂设备"，"我已呈交各种邮票图案"，建议邮票面值为1、2、3、4、5分银和1、2、3、4、5钱银。随后，德璀琳在赫德的授意下，致函中国海关驻英国伦敦办事处税务司金登干（T. D. campbell 英国人）询问"仿西法创办邮政官局，逐渐扩展至全中国的可行性"，以及"采购机器设备和纸张在中国每星期印100万枚邮票"所需的费用，同时要金登干提供英国、法国邮政法规汇编的最新版本和正在使用的邮政表格。1877年5月，赫德和德璀琳拟订计划，请上海海关造册处为印制邮票购进纸张十令，并把各种邮票底版刻好。这些都说明，赫德在接受试办邮政任务之前，已在潜心研究如何办理邮政，如何仿效英国改革家罗兰·希尔发行邮票等等。

(2) 图案设计

1877年赫德着手筹印邮票时，对于邮票的式样做过多次研究。原始设计的草图有过"双龙戏珠"、"龙凤戏珠"以及具有东方宗教色彩的"六和宝塔"、"万年有象"等多种式样，但都未被采用。中国第一套邮票的主图最终决定采用的是"蟠龙戏珠"。

龙是中华民族的象征。龙的传说在华夏大地上已经存在了几千年。相传龙能呼风唤雨，腾云驾雾，民间百姓视龙为吉祥物。世上本来没有龙，它是中华民族的祖先在漫长的岁月里，以丰富的想象力和创造力，将各种动物的长处融汇演变并加以神化而成的。到了汉代，龙的形象和神化则达到了巅峰。刘邦为了争夺天下，编造了其母梦神龙而生刘邦的神话。从此，龙被皇帝据为己有，把龙作为帝王"德威"的化身，以龙的图案象征皇室、皇帝至高无上的权威。清代的国旗是黄龙旗。中国第一套邮票以龙为主图，其用意与英国邮票图案为女皇肖像相同。为适应当时的邮资标准，第一套邮票共有三枚，图案相同，颜色不同，面值分别为5分银、3分银和1分银。邮票图案上有"大清邮政局"字样。因整个票幅较大，世称"大龙邮票"。

中国第一套邮票——大龙邮票

(3) 印制

1878年6月15日，德璀琳在致上海海关造册处税务司的函中请求造册处提供第一批急需的邮票。德璀琳特别写明：

"现请您指示印刷房,按照贴在本文边线外的邮票图样和修改了的刻印文字,印制面值为3分银和5分银的邮票各10万枚。"一个月后,上海海关造册处就开始陆续把印妥的邮票分批用轮船发往天津。德璀琳在1878年7月29日给上海造册处的函中写道:已经先后收到了5分银和3分银邮票各500全张计各12500枚,对于造册处"很快地并且非常成功地实现"他的愿望深表谢意。信中又提出:"还需要向公众供给面值1分银的邮票,烦请您指示印刷房印制10万枚。"

(4) 运津

上海海关造册处自接到德璀琳1878年6月15日的信开始,先后用三个月的时间完成了全部印刷任务。从1878年7月18日起,将不同面值邮票分批发往天津:首批5分银邮票于7月18日发出;首批3分银邮票于7月22日发出。在接到德璀琳7月29日的函后,开始印制1分银的邮票。首批1分银邮票在8月末发出。天津海关收到首批邮票的确切时间百余年来查无结果,直到1982年,在上海海关档案中发现了天津海关德璀琳签收的回执,证明上海海关造册处于1878年7月18日发出的首批5分银邮票,天津海关是在7月24日收到的。这一重大发现,将大龙邮票发行日期的考证向前推进了一大步。

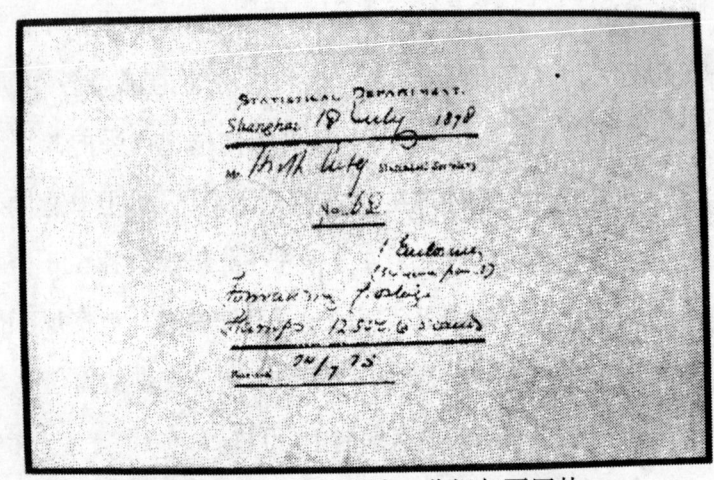

德璀琳签收首批到津 5 分银邮票回执

(5) 分发

天津海关在收到上海发来的邮票后,即向各口岸海关书信馆陆续寄发:7 月 29 日分别向烟台和牛庄分发 5 分银邮票;8 月 9 日向北京分发 3 分银和 5 分银邮票。9 月 4 日收到首批 1 分银邮票后,即分别向烟台、牛庄寄发 1 分银和 3 分银两种面值邮票;9 月 5 日分别向北京、上海寄发 1 分银邮票;11 月 23 日向上海寄发 3 分银和 5 分银邮票。同日,还分别向汉口、九江、芜湖、镇江、宁波寄发上述三种面值邮票。

(6) 发行日期考

关于大龙邮票的确切发行日期,是集邮界长期研究而未获结果的一个重大课题。早年曾有(1878 年)"十月说"和"十二月说"。随着研究的深入，逐一被否定，而"七月说"渐占上风。据考证，牛庄收到5分银邮票日期为8月1日，并于当日开始发售。烟台收到日期为7月31日，8月9日开始发售。表明大龙邮票没有统一规定的发行日期。天津是当时的邮务中心，印制的邮票均集中由天津分发各地，以天津开始出售日期为发行日期是合乎逻辑的，而且自然要以最先印出与发行的5分银的开始出售时间为起始日。天津是在1878年7月24日收到首批5分银邮票的。德璀琳既然那么"急需邮票"，因而，在大龙邮票5分银运抵天津后，经点交验收即开始出售是合乎情理的。1991年5月，中华全国集邮联合会在福州会议上经研究论证，作出了大龙邮票发行日期应以"1878年7月24日为上限，以后陆续发行"的论断，是迄今为止最权威的说法。

(7) 发行概况

大龙邮票一套3枚，图案相同，为铜质版模，雕刻家用手工逐枚刻制，有齿孔、背胶。1878年至1885年，共印制三次，每次印制时邮票子模重新组合，因此三次发行的邮票在子模特征、纸质等方面有所不同，全张枚数和排列后来也有变化。

1878年第一次印制，纸质韧薄，略有透明，图幅间距约2.5mm，全张枚数为25（5×5）枚，3分银有少量为20（5×

4)枚。习称"薄纸大龙"。

1882年第二次印制,有的纸薄脆易破损,图幅间距约4.5mm,全张枚数5分银为25(5×5)枚,3分银为15(5×3)枚,1分银为25(5×5)枚。1分银和5分银印量较少。习称"阔边大龙"。

1883年第三次印制,纸质较厚,全张枚数为20(4×5或5×4)枚,齿孔有光齿和毛齿之分,习称"厚纸大龙"。

中国大龙邮票已被列入世界珍贵邮票行列。

5．小龙邮票与万寿邮票

(1)小龙邮票

1885年,清代海关邮政仿照大龙邮票式样印制发行了中国第二套邮票,全套3枚,面值分别为1分银(绿)、3分银(紫)、5分银(橄黄)。因邮票的图案、文字和颜色与大龙邮票极其相似,只是图幅比大龙邮票略小,所以史称小龙邮票。小龙邮票采用太极图水印纸,每枚邮票上有一个太极图水印,是中国第一套有水印的邮票。有背胶,设计者不详。全张枚数为40(2×4×5)枚,由上海海关造册处印制。第一期邮票使用旧打孔机打孔，齿孔参差不齐，通称小龙毛齿。1888年第二期印刷邮票使用新打孔机打孔，齿孔光洁整齐，通称小龙光齿。

（2）慈禧六十寿辰纪念邮票

1894年11月，为庆祝慈禧太后六十寿辰，清代海关邮政发行第三套邮票，俗称万寿票。它是中国第一套纪念邮票。全套共有9枚，由清代海关官员德国人费拉尔（R. A. de Villard）设计。面值分别为1、2、3、4、5、6、9、12、24分银，图案有五福捧寿、腾龙戏珠、鲤鱼跃水、双龙跃立、一帆风顺等。1、2、3、4、5、6分银的图幅为19.5mm×24mm，全张枚数为240（12×4×5）枚。9分银和12分银的图幅为31.5mm×24.5mm，全张枚数为150（6×5×5）枚。24分银的图幅为31.5mm×24.5mm，全张枚数为150（6×5×5）枚，石印版，有太极图水印，有背胶，上海印刷。这套邮票共分三种版别：①1894年初版，称为上海初版。②1897年再版，用水印纸印制，称为上海再版。③1897年改版票，用无水印白纸印制。

大龙邮票发行后，在华外国人大量购买。当慈禧太后六十寿辰纪念邮票发售时，海关总税务司署造册处税务司葛显礼于1894年11月14日发布通告，内容为："为庆贺慈禧皇太后六十岁生辰,决定发行一套新图案的纪念邮票。新发行的邮票由下列9枚面值邮票组成,即1、2、3、4、5、6、9、12、24分银。每套邮票可按关平银0.66两合洋圆1元(关平银1两=1.25元),或者合关平银0.735两的比值向公众出售。"由此可以看出,海关邮政考虑到集邮者购买新邮票的需要,纪念邮票已开始按套出售了。

6. 最早的邮政代办机构
——华洋书信馆

华洋书信馆是中国开设最早的邮政代办机构,也是我国历史上第一个官督商办的邮递机构,在中国近代邮政史上占有重要地位。

(1) 开设起因

如前所述,天津是中国近代邮政的发源地。1878年3月23日,天津海关书信馆率先对外公开收寄华洋公众邮件,成为中国近代邮政的开端。但能否收寄大量的华人邮件,是近代邮政能否成功的关键。在海关书信馆设置初期,其通邮地点只限于北京、天津、烟台、牛庄、上海五处之间,并不普遍,而且当时民办信局在民间享有相当的信誉度，中国商民习惯于向民信局交寄邮件。而普通百姓对于由外国人主持新开设的海关书信馆不太信任，大多持观望态度。近代邮政要想占领邮政市场，就必须想方设法将华人邮件从私营的民信局手中夺过来。同时，官府也同样习惯于向古老的驿站交寄公文邮件。这样，仅仅依靠海关自身的力量，还不能全面解决邮件的收寄、递送问题。为拓宽邮政业务，津海关税务司德璀琳向赫德呈报说："我很希望将中国人的邮件运送事务抓到手里"，"以便于和现有的民信局竞争"。为了达到排挤甚至挤垮民信局之目的，德璀琳与赫德密谋策划，决定开设一个"代理邮政机构"，取名为"华洋书信馆"，并以招商的形式全部由华人来主持，以招徕华人邮件。

(2) 大昌商行承办

当时天津有一家经营信托事务的大昌商行，在北京、烟台、牛庄和上海等地都设有自己的分支机构或代理人，正好与海关试办邮政的五地相吻合。于是，经理刘桂芳主动向德璀琳申请愿意承办华洋书信馆。几经协商，双方达成协议："大昌商行在北京、牛庄、天津、烟台和上海开办邮务代理机构，名称定为华洋书信馆"；"华洋书信馆开办费用和经费都由他们自行支付"；"邮费率暂时由该书信馆自行规定，以便于和现有的民信局竞争";"所收信件分袋包装,交由海关连同海关书信馆邮件一起通过轮船或信差免费运递";"在永久性办法规定之前,试办期间从中国人的邮件所收的邮费全部归该馆所有"。协议并承诺"将来永久性服务机构成立时,如华洋书信馆的合作有成绩,他们将继续被认为邮务代理或辅助机构"。赫德推荐曾在海关总税务司署工作过的亲信、华员文案吴焕(原系上海海关文案,后赫德调其至北京海关总署工作)负责监督华洋书信馆的工作,德璀琳指派吴焕坐镇上海执行该项监督任务。

(3) 天津华洋书信馆成立

开设"华洋书信馆"作为邮政代办机构,是赫德、德璀琳等人利用李鸿章提出"邮政商办"的主张,为了扩大发展中国商民邮件业务,与民信局竞争而采取的措施。关于其开设时间,各种史料或已发表过的有关文章说法不太一致。根据天津当时为邮务中心这一特定情况,天津华洋书信馆的开办时间应该是在1878年7月上旬,比其他分馆开办时间略早些。天津华洋书信馆旧址是在天津三岔河口总督衙门附近。当年的总督衙门设在南运河金华桥北,也就是现在的大胡同天津小商品批发中心附近,距离紫竹林海关约八九华里。那时的大胡同附近商业发达,街店林立,位居市中心地带,地理位置十分优越,商民集中,正好适合收揽华人邮件。

天津华洋书信馆成立初期，设有经理1人，会计1人，信差3人，邮差1人，门房1人。德璀琳极为关心华洋书信馆的业务经营状况，他在事先没有通知的情况下，曾多次亲赴视察。见该馆室内环境优雅整洁，《邮件登记簿》记载得清楚仔细，一目了然，感到十分满意。华洋书信馆主要办理收寄和投送华人邮件，也可托寄银洋汇票及贵重物品。收寄的信件均不贴邮票，而由该馆加盖朱红色带有地名的双龙戏珠长方形农历日戳，作为邮递凭证。

（4）吴焕另有企图

开设华洋书信馆的本意是收揽华人邮件，抵制、排挤民信局，但派驻上海负责监督华洋书信馆工作的吴焕却另有一套想法。吴焕系候补知县出身，认为只有不断扩大华洋书信馆的规模，大量吸收华人邮件，才能够一步一步超越甚至挤垮民信局。他打着海关书信馆和李鸿章的旗号，擅自赴南京拜见南洋大臣沈葆桢，极力劝说沈批准在长江流域各港口普遍设立华洋书信馆。与此同时，吴焕又大招商股，首批招股定为关平银10万两。承办人天津大昌商行经理刘桂芳一看势头不妙，对吴焕的做法深感不安，惟恐对自己的经营发展不利，旋即退出。吴焕计划以上海为中心，在全国各大中城市普遍设立华洋书信馆，办理中国境内所有华洋邮政业务。如果照此计划发展，华洋书信馆很可能成为一个全国规模的商办邮政体系。吴焕通过到处游说，取得了南洋大臣沈葆祯的信任，同意在其招股章程上签字，准其在长江流域各港口的所在地设立华洋书信馆。吴焕乃据此要求镇江海关税务司屠迈伦签发文件，向镇江海关监督报请批准在镇江设立华洋书信馆，并声称此举系赫德与德璀琳计划，已得李鸿章批准。屠迈伦信以为真，未经请示赫德即私自签发文件。九江海关税务司侯威尔得知此事后偷偷报告了赫德。赫德闻知，明白了吴焕想从官办邮政中剥离出来另辟系统搞独立的企图，立即下令将屠迈伦撤职，并责令吴焕立即清点华洋书信馆所有债务，赔偿大部分损失，将吴焕开除出海关。

（5）关闭华洋书信馆

赫德开除了吴焕，并未立即下令撤销华洋书信馆，只是断绝了联系往来。这样，华洋书信馆不再是海关书信馆的邮务代理机构，而与一般的民信局没什么两样了。由于开设华洋书信馆不仅未能达到预期目的，反而因为免费带运华洋书信馆邮件而使海关承担的费用支出愈加吃紧，邮政亏赔加剧。在这种情况下，1882年10月4日，赫德以第631号函命令时任津海关税务司的好博逊："立即采取必要措施停闭天津口岸的华洋书信馆。"10月13日，海关收回了华洋书信馆使用的邮袋、洋文邮戳等,并将华洋书信馆门口牌子上的洋文 POST OFFICE (邮局)字样涂掉。同时在海关大公事房门口张贴了海关中文公告,声明海关邮局和华洋书信馆不存在任何关系;下令海关登轮值勤人员,如遇有华洋书信馆的邮袋应予扣留。至1882年11月,天津华洋书信馆及各地分馆被迫关闭。

(6)华洋书信馆与海关书信馆

华洋书信馆虽然前后存在只有短短的四年时间,但它是中国第一代邮政代办机构,在中国近代邮政史上占有重要地位。华洋书信馆系官督商办,而海关书信馆则是官办,两者并不是一码事。有些人弄不清两者之间的关系,误认为华洋书信馆就是海关书信馆,显然错了。海关书信馆收寄华洋邮件,华洋书信馆也收寄华洋邮件,但两者却不是同一机构。一些书刊或文章把华洋书信馆收寄华洋公众邮件当做中国近代邮政史的发端,是一种误读。

7. 海关拨驷达局建立

赫德利用吴焕组织华洋书信馆大量收揽华人邮件的企图失败后,凭藉其手中控制的中国海关大权,即命令德璀琳在海关内部重组邮政机构，重塑海关邮政形象，树立海关邮政在公众中的信誉度，以发展邮政业务。

1880年1月11日，德璀琳发布了《海关拨驷达局告白》中文公告，写道："查去夏创设书信馆以来，金谓本局妥速，兹将各信馆俱归海关税务司自行经理，改为海关拨驷达局，即华语邮政也。专送北京、天津、牛庄、烟台、上海、镇江等口岸来往信件。"公告还规定了各邮运班期和各种邮件资费标准。并自即日起，将"海关书信馆"改称为"海关拨驷达局"。"拨驷达"为英文POST译音，意即邮政，海关拨驷达局即海关邮政局。看似只是名称更改，其实质是按照其建设规划，使海关邮政业务逐步正规化、规范化，与欧洲先进邮政制度进一步接轨。

由于业务发展扩大，工作人员不断增多，海关内的房屋不敷使用，天津海关拨驷达局遂于1884年由天津海关大公事房迁入紫竹林大法国路新建的办公大楼内（今解放北路111号）。办公大楼门上挂有牌匾为"CUSTOMS POST OFFICE"。该楼建筑为二层带半地下室，砖木结构。两面沿街，南端转角处有一角楼。外表由中国青砖砌筑，立面采用罗马券柱式设计，扁券门窗加壁柱的连续使用，具有强烈的韵律感，窗间墙用精细的青砖雕饰，颇具特色。以中国砖雕技术雕刻的西洋古典花饰，具有巴罗克风格。建筑风格更是中国传统艺术与罗马建筑风格相结合的典范，看上去气派豪华。作为北洋枢纽之地的邮政局所在地，毫不逊色。

8．津榆铁路运邮

1888年10月9日，天津至唐山铁路全线通车，从海上运的邮件从塘沽改用火车即开始利用该火车带运邮件，由信差携邮袋搭乘客车来往，是为全国最早、也是最原始的利用铁路运邮。

1894年津榆铁路（天津—山海关）全线竣工，1895—1896年冬季天津至牛庄间的陆路邮运津榆段停止骑差跑行，也改乘火车运邮。

1896年2月9日，派往山海关接送文函信件的信差王汝成由山海关乘火车运送信袋3袋来津途中，将邮袋放在车座下面。车到滦州附近时，不慎被同车旅客盗窃。天津海关拨驷达局除派专人追查并函告地方官府侦破外，与津榆铁路公司商定信差改乘火车守车，将邮件锁存柜内，以确保邮件安全。此举为后来适应邮件运输量不断增长添派专用火车邮厢奠定了基础。

9. 邮政推广

德璀琳主办的新式邮政在北京、天津、烟台、牛庄和上海5处站稳脚跟后,即按照其建设规划向其他商埠口岸推广。1878年内,镇江、九江、汉口、芜湖、宁波等开放商埠海关书信馆相继建立。1879年12月22日,总税务司赫德下令,除邮务总办事处暂设天津、派德璀琳负责管理各海关邮递业务外,邮政逐渐向其他口岸继续推广。一时间,海关办邮政之风大兴。负责管理各海关邮递业务的德璀琳在赫德的支持下,到1882年已将邮政推广到扬子江及福建以北的所有口岸,取得了惊人的成绩。1882年后,虽然因德璀琳调离天津,邮务管理大权移设北京海关总署,但仍然继续向沿江沿海口岸推广。至1896年初,除北京、天津、烟台、牛庄及上海五处外,重庆、宜昌、沙市、汉口、九江、芜湖、镇江、苏州、杭州、宁波、温州、福州、厦门、汕头、广州、琼州、北海、蒙自、龙州等全国24处设有海关的地方全部设立了拨驷达局。邮政局所网络初具规模,通邮处所逐年增加,官府称赞"拨驷达局递信甚捷",邮政在民间声誉鹊起。

五　大清邮政津局的建立

近代邮政历经18年的创建与发展，终经清光绪皇帝核准由海关向全国推广，成立大清邮政官局。并经10多年连续发展，逐步将驿站、民信局、"客邮"等竞争对手淘汰，大清邮政走向统一经营发展之路，最终脱离海关。

1. 官局建立

经过十几年的建设与发展，近代邮政制度逐渐被官府和商民认识和接受。一些有识之士纷纷要求清政府关闭驿站，开办国家邮政。总理衙门分别向江海关道、总税务司赫德及南、北洋大臣等征询意见。赫德表示，一不向清政府要人，二不向清政府要钱，只须由清政府皇帝正式"降旨"批准。

1892年12月，赫德将其拟订的开办国家邮政计划和草拟的《邮政章程》函报总理衙门，并施加压力道："数年来创办艰难，若不再奏请创办邮政官局，恐将另生枝节。"而清廷内外洋务派和维新派的主要人物却不断呼吁成立邮政。

1896年，南洋大臣张之洞为建立国家邮政上奏指出海关所办邮政，因体制不同，推广有困难，应该大举开办国家邮政，同时撤走外国在华邮局，并且加入万国邮政联盟，与各国联邮，是惟一出路。张之洞的奏章成为开办国家邮政建立大清邮政官局的一份关键性奏章。

张之洞等有识之士开办国家邮政的建议终于得到清政府总理衙门的认可。1896年3月20日（光绪二十二年二月初七日），总理衙门根据张之洞奏章和赫德所拟邮政章程，向光绪皇帝呈交了《恭亲王奕䜣等为总理衙门遵议办理邮政并与各国联会事奏折》和《总理衙门奏折附呈赫德所拟开办邮政章程清单》。光绪皇帝当日朱批"依议"，并在开办邮政章程清单上朱批"览"字。据此，总理衙门委派赫德"专司其事"，建立"大清邮政官局"。

从海关1866年兼办邮递开始，到1878年3月23日近代邮政创办，再到1896年3月20日终经皇帝朱批核准建立大清邮政官局，整整三十年时间，中国近代邮政走过了一条艰难曲折的路。

2．大清邮政津局正式挂牌

　　大清邮政官局奉旨设立后，经过近一年的紧张筹备，由总税务司赫德统一布置挂牌开业事宜。当时考虑中国人习惯使用农历，开业时间定为正月初一，又考虑中国老百姓过春节的风俗，商家店铺正月十五日以后才开业的惯例，因此，一直推至1897年2月20日，即正月十九日。而实际上，全国最早挂牌开张营业的是天津。1897年2月2日即农历正月初一日，天津海关拨驷达局即改名为天津大清邮政局（简称大清邮政津局），成为大清邮政官局的第一家。局址仍设在紫竹林拨驷达局原址（现解放北路111号），仍由天津海关税务司负责管理。大清邮政津局开业后，原先悬挂在门上的英文CUSTOMS POST OFFICE（海关拨驷达局）牌匾，换上了"大清邮政津局"牌匾。这也是全国第一块写有中国文字的邮政局牌匾。而两侧仍用外文：左侧牌匾为法文"POST IMPERIALE"，右侧为英文"TIENTSIN POST OFFICE"。

3．业务发展

(1) 函件业务

近代邮政创办之初，服务项目只有信函、新闻纸、刊物和贸易契。1897年大清邮政局开设后增加了明信片、书籍及货样。紧要文函挂号业务的开办，受到社会上的普遍欢迎。1898年，天津邮政总局共接收与封发挂号邮件27353件，以后逐年大幅度上升。十年之后即1908年全邮界接、发、转挂号邮件已达2065351件，比1898年增加74倍。到1911年则达到3350100件。

1905年12月12日，天津、北京、上海间试办快递邮件业务。1909年5月19日正式在全国51个大中城市间开办。1907年天津邮界接发快信49773件，1909年即达135324件，1911年达到259798件。

1910年7月1日，北京、奉天（今沈阳）、天津、汉口、长春、张家口等处试办保险信件业务。此项业务可以装附银票及其他票证。它标志着邮政业务由此向金融领域开始伸延。

自 1897 年到 1911 年，传统业务有了很大发展，新兴业务也在不断开拓，平信、快递、挂号、保险各业兴旺，函件业务出现空前发展的大好形势。

（2）包裹业务

1898 年 5 月 1 日开办包裹业务，在一定程度上适应了商品经济的发展和人民日常生活的需要。1898 年天津界内包裹接、发量为 3473 件，十年之后增至 233470 件，1911 年达到 409600 件。在开办包裹业务的同时，又开办了保险包裹和代卖主收价包裹业务。这两项业务的使用率虽不如普通包裹那样高，但一些商业铺户和一些有特殊需要的人们很乐于使用。

（3）汇兑业务

1897 年 11 月 17 日，邮政司署发布《汇寄银钞章程》，规定由各通商口岸之间试办汇兑业务。每汇银执据一张不得超过 10 元，一人可执据数张，每汇 1 元付费 2 分。此项小额汇兑业务于 1898 年 1 月 22 日在天津正式开办。由于局间现金调拨比较困难，所以汇款款额长期不能放宽。延至 1904 年经办汇兑的分局有了增加，汇款款额才在一定范围内放宽。汇兑局可分为甲、乙两类汇寄银钞局。甲类每张放宽到 50 元。1899 年，汇寄金额为 33000 元，兑付金额为 19000 元。1911 年，汇寄金额达 49400 元，兑付金额为 704000 元。

大清邮政十几年的业务发展远远胜过 1896 年以前的 18 年。从业务种类上看，由单一的平常邮件业务发展到平、挂、快、保、给据与不给据等多样化的邮件业务；从业务性质上看，以邮政通信领域为基础向金融流通领域迈进。国家邮政的优势开始显现。

4．建立分支机构

大清邮政津局建立后，仅半个月时间（即 2 月 16 日）即在大沽设立了天津第一个邮政分支机构——大沽邮政局。同时，为便利津城公众寄信，在宫北宣家胡同租赁民居，开设了天津城区第一个邮政分支机构——宫北邮政分局。1900 年 1 月，在天津又出现了第一批信柜，即在殷实可靠的商号内设置信柜（即信箱），由该商号代办平常邮政业务。信柜的开办无疑是一大创举，它是邮政实行自办与代办两条腿走路方针的良好开端。凡收大于支或收支可以平衡的，即可改信柜为分局，由委办升格为自办。截至 1903 年，信柜重建已达 10 处。1906 年由信柜过渡建成宫南东新街、南市大街、河北贾家大桥、河北大街小红桥、城内鼓楼西等 5 处分局。1907 年开办奥租界大马路分局，1908年开设驴市口大街分局，1909年设立梨栈大街分局和维多利亚路分局。

为便于接发国际邮件总包，1910年在老龙头车站又新建一处分局。自1900年9月到1911年12月，共建分局12处。

1904年宫南石头门槛分局迁至北马路营业，编为津城第一号邮政分局，从此成为天津城区范围内最主要的分局。1904年7月，天津邮件处理中心一分为二，由总局一家独办改为与一分局合办。总局负责租界内的开箱与投递工作，主要处理来去塘沽、山海关路向的邮件，在老车站（天津站）与火车邮局交换总包邮件。津城一分局负责城区的开箱与投递工作，处理来去北京与济南路向的邮件，在新车站（天津北站）与火车邮局交换总包邮件。1906年，城区投递局由集中改为分散。1908年1月城区分拣中心迁移至距新车站更近的贾家大桥分局。

1906年7月，天津第一次在各租界街头、路口、重要地方安装了20具信筒，供附近商户、居民和行人投寄平常信件。1907年4至5月又在城区安装了50具信筒。由于分局、信柜和信筒的不断增加，至1911底，一个以自办邮局为主、代办力量为辅、信柜信筒为补充的多层次的邮件收寄服务系统已基本完成。

5．划分邮界　内地局建立

1897年底开设了唐山邮政分局及秦皇岛邮件转运站。天津邮政开始向内地发展。

1899年5月8日，全国邮政按照海关管辖区域划分邮界，每个邮界设置邮政总局，总揽本邮界一切事宜。天津邮界是全国35个邮界之一，管辖范围北界长城，由山海关至古北口，东临渤海，南连山东，西边北部以古北口到杨村一线为界，南部以不超过大运河西岸为限（后来北部和西部均有突破）。天津大清邮政局改称天津邮政总局，主管天津邮界，津海关税务司杜德维（E. B. Drew 英）兼任邮政司，有邮政员工29人，计：洋员3人，华员6人，信差12人，邮差2人，杂役6人。

从1899年开始深入直隶腹地组建邮政网点，先后在保定、河间、献县、德州、齐河、东光、沧州、静海等八处建立邮局。其后，德州、东光、沧州、静海4个局划归天津邮界管辖。同年8月，天津邮政总局在山海关建立分局，并在北戴河海滨开设夏季邮局，10月又在锦州建立分局。较之以往，1899年，建局成绩突出，成为邮政通信领域由沿海口岸一条线向广大腹地发展的一个转折点，也是近代邮政通信走向全程全网的一个起点。

1902年，推广芜湖邮界建立代办邮政铺商的经验，即在一些重要地方，把经过仔细挑选并具有铺保的店铺组建成邮政代办机构，用以收寄和投递邮件。12月首先在杨柳青开办。1903年1月，又在静海、杨村、唐官屯、兴济、泊头、连窝镇、桑园等处次第建立，是为天津邮界最早的一批代办邮政机构。

大清邮政建立内地分局及代办邮政铺商，一律采用讲求经济效益的原则，凡收支不能平衡的不予建立，已经建立的则关闭。在建局建代办的过程中，实行"升、降、停"三项措施。对收入大的代办铺商，收支预测能达到分局要求的，升；收入少的局，长期支大于收的，降；代办铺商不能自食其力，亏损过多的，停。根据这一原则，在此期间先后有杨村、泊头、桑园、盐山、留守营、永平府、芦台、丰台、马厂、承德、宁津、小站、军粮城等13处代办铺商及格升等，改设自办分局。静海、丰润、东光等3处分局因收支不能平衡，改设代办铺商。1902年3月24日在杨柳青建立分局，之后业务萧条，收入甚少。为澄清真实原因，9月份另派一名得力供事接替原任管局供事，以观究竟；12月得出结论，证明并非人为原因，于是改立代办。后经过9年的发展,达到建局标准,于1911年8月又改设分局。

从1902年到1911年内地分局逐年递增,邮政代办连年翻番。自1902年到1908年内地分局由13处增加到20处,邮政代办由1处增加到145处。1909年经天津副总局申请,邮政总署批准,于10月18日将北京邮界河间分局与胜芳分局所属42处邮政代办和1个胜芳分局划入天津副邮界。到1911年底,内地支局已达28处,代办支局则多达243处。

6. 遭受联军入侵,积极恢复重建

1900年,义和团运动爆发,波及邮政。津城宫北分局、沧州、东光、静海、德州、北戴河等局次第被迫关闭。帝国主义为镇压中国人民声势浩大的反帝运动,组成八国联军疯狂入侵。6月17日攻入大沽,7月14日侵占天津,8月14日侵占北京。然后分兵多处,张家口、保定、遵化、永平、承德、沿运河一带均遭洗劫。联军所到之处,凶残屠杀平民百姓,大量抢掠金银财物,邮局普遍遭劫。大沽、唐山、山海关、锦州各局均遭捣毁,职工四散逃亡。整个天津邮界,除位于紫竹林的天津邮政总局一处因处租界未受大的损失外，其他各局及各条邮路均遭破坏。

大沽分局为美国海军侵占。他们抢夺邮局财物，毁坏所有档案和空白汇票，并公开盗卖库存邮票，以饱私囊。联军以检查为名，对南方由海上运来的邮袋在船上强行开拆，把值钱的东西掠夺一空。1900年9月下旬，天津总局派人恢复津京间骑差邮路，邮差多次遭联军伤害，邮件和骡马也多次被抢被劫。这一切都说明，八国联军入侵给中国人民带来了深重灾难，同时也给大清邮政以致命打击。

尽管处境艰难，但邮政还是在炮声未停、硝烟未散的环境中，抓住空隙，力图恢复或重建。塘沽是距离北京最近的港口，是天津通向海上的咽喉，是南方与北方海陆联运的重要衔接点。1900年7月下旬，在战乱尚未结束的情况下，经津海关税务司与占领军商定，首先重建塘沽分局，以开通海上邮运的大门。天津城区宫北分局因受战争破坏，无法在原地恢复营业，改在针市街新建一处分局。

1901年，战争刚刚停息，总邮政司赫德宣布北方各局于1901年3月1日全部恢复原办邮政业务。1901年3月至7月，天津邮界陆续恢复或重建唐山、德州、沧州、山海关等4处分局，12月新建秦皇岛邮局1处。1902年7月重开北戴河局。

至此，联军入侵以前所建11处分局、站，除东光、静海两局因业务量过少暂不恢复和锦州局划归牛庄邮界外，其他8处分局全部重新对外营业。

1901年6月，在津城宫南石头门槛新开一处分局，作为天津最早的城区分局——宫北分局的继承局。是年12月还新开设了遵化、丰润邮局。

7. 发展高潮

在全面恢复的基础上，天津邮界迈向十年（1902—1911）连续发展阶段，从而迎来了天津邮界历史上第一次发展高潮。

在局所方面，由于采取了自办与委办相结合的方针，发展速度很快。自办邮局与代办邮政铺商的迅速发展，使邮政服务面从城市展向农村，很大程度上适应了社会各方面的通信需要，从而为邮政业务的发展、营业收入的增加创造了条件。1902年，天津邮界共有总、分各局17处，代办铺商1处。1906年总、分各局达24处，代办铺商41处。1908年总、分各局增至30处，邮政代办145处，呈直线上升趋势。到了1910年总、分各局达37处，邮政代办230处。1911年分、支各局达 41 处，代办支局 243 处。

随着新建局所的大量增加，邮路也相应地有了很大发展。除海运外，由于津榆、京津、津浦铁路的建成与延伸，铁路邮路得到充分利用，成为天津邮界通向东、西、南、北的主要干线邮路。广大腹地普建局所，使邮差邮路也有了飞快增长。1901 年底，界内首开唐山—遵化邮差邮路，全长 150 里（单程）。以此为发端，至 1911 年全界共建成邮差邮路 55 条，累计长度 6800 余华里。以天津为中心，以铁路为干线，铁、邮联运，干、支衔接，四通八达的邮政通信网业已组成。随着京奉、津浦铁路干线的建成与使用，以及塘沽、秦皇岛港口的交替使用，天津已成为北方最大的水陆两运通信枢纽。

通信能力增长与业务量的上升成正比。十年局所网路不断发展的过程，也是业务量不断增长的过程。天津邮政总局 1903 年处理的邮件数量比 1902 年增加一倍多。1906 年进、出、转普通邮件总计 1137 万件，挂号邮件 106 万件。1908 年普通邮件即达 2400 万件，挂号邮件 206 万件。1911 年普通邮件则高达 4200 万件，挂号邮件 335 万件，包裹 40.9 万件。

天津邮件业务十年连续发展，使邮政业务收入年有增加，收支亏损状况逐年减少。至 1908 年，天津邮界的财政收支开始扭亏为盈。从此，经济效益逐年续有增长。

大清邮政全面发展的同时，也与"客邮"、民信局、驿站等通信机构进行了长期的较量。对"客邮"采取了既限制又妥协的政策；对民信局则采取控制和挤压措施，使大量业务及民信局人员转向邮政局，给民信局以致命打击。而驿站自身臃肿腐败，文报稽迟，终被淘汰。十年较量的结果以邮政胜利而告结束，大清邮政最终走向统一经营。

8．发行《北洋官报》

天津邮政最早办理报刊发行业务是在1903年，邮发的报纸是《北洋官报》。

《北洋官报》是中国最早创办的政府官报。20世纪伊始，清政府就如何"变法维新"问题进行讨论。时任直隶总督兼北洋大臣的袁世凯在奉旨上书中提出了办报的建议，甚合当朝的心意，后者马上下旨，要求在全国各省传办。1901年8月，在天津河北狮子林集贤书院旧址内创办了北洋官报局，并派人到日本选购最先进的印刷设备，邀请日本高级技师来津指导。《北洋官报》于1902年12月30日在天津首期出版。其刊登内容在全国较有影响，在当时曾起到中央政府官报的作用，并成为各省官报的楷模。1903年，清政府鉴于《北洋官报》试办成功，决定在全国推广，并手谕南洋大臣"依照北洋章程妥筹开办"，确立了《北洋官报》在全国各省中的地位。

《北洋官报》创刊伊始，北洋官报局总办颜世清认为，必须依靠邮政，发挥其辐射面广、信誉高的优势，才能把《北洋官报》推向全国。故他曾多次与天津邮政总局进行洽谈，并经直隶总督出面，委托津海关税务司兼邮政司德璀琳承办，报、邮双方于1903年7月23日达成协议，并签订了合同。

天津邮政总局根据协议规定，自1903年7月24日合同生效之日起负责北洋官报局各报的分送、转发和零售工作，并代收报费。所订合同属单方面优惠性质，邮局不提成、不收费。试办一年后，报、邮双方均感到满意，愿继续照此办理。天津邮政总局与北洋官报局签订合同之后，《南洋官报》、《商务官报》等报刊相继援例办理。

1903年7月24日至1904年2月15日，《北洋官报》为隔日发行，每期寄发平均为2173份，月寄发总量为32600份。自1904年2月16日起，《北洋官报》改为每日出版，每次寄发平均为3091份，月寄发总量为92730份。1905年开办了新闻纸挂号及立券业务，经邮局办理的报纸均须注册后按立券业务及一、二、三类新闻纸业务办理。

时过三年，因官报发行数量逐年增加，清政府税务处惊呼"官报出版日夥，不但承寄各局事务增剧，而添派多人照料，经费亦见浩繁，揆厥情形，势难永为免费"。有鉴于此，报、邮双方重新商定，修改合同，决定自1907年2月13日起，所有经邮局寄发的各类官报按照每年交付邮费金额的七成核收，减免30%。

《北洋官报》除在直隶发行外，还在开封、济南、锦州、南京、汉口、南昌、福州、安庆、武昌、桂林、扬州、荆州、西安、泸州、信阳、樊城、万县、徽州、清江浦、漳州、泉州、徐州、常熟、松江、乍浦、嘉兴、绍兴、常德、道口、潍县、十二圩、苏州、杭州、广州、重庆、梧州、芜湖、厦门、上海、九江、岳州、镇江、宁波、宜昌、汕头、蒙自等通商各埠总局，暨轮船、铁路通达的各局设有代销处，每期发行500余份，至1912年5月《北洋官报》停办。

《北洋官报》交邮政部门发行的时间虽然不是很长，但它却是天津邮政历史上乃至中国邮政发行史上第一次受报社委托办理报纸发行业务，开邮政发行报刊业务之先河，在中国报刊发行史上也是个创举。

9．邮传部接管邮政

1906年8月，清政府改革官制，同年11月6日，设立邮传部，但此后邮传部除三次更换尚书外，还只是个空架子。直到1907年8月，邮传部的编制才开始确立。邮传部下设承政、参议两厅，分设船政、路政、电政、邮政、庶务等五司。举凡一切邮递方法、邮政汇兑、邮政包裹、邮票款式、与万国邮联等有关事项，都归邮政司掌管。

对于清政府设置邮传部接管海关邮政，英国深感焦虑。特别是赫德，他竭力主张保持海关办理邮政的现状，但已力不从心。1908年他请假返英，不久病故。邮传部成立后本应尽早接管邮政，但邮传部以"官制未定"为借口，拒绝接管。直到1909年2月，邮传部才向税务处提出转告总税务司邮政总办商洽接管邮政事宜。而海关方面也以种种理由拒绝办理移交手续。直到1910年双方才达成协议，同意办理移交手续。

1911年5月28日，邮传部正式接管邮政。第一任邮传部邮政总局局长由署邮传部左侍郎、铁路总局局长、李鸿章之子李经方兼任，而实际邮政大权仍然操在邮政总办法国人帛黎手中。原各邮界总局一律改为邮政局，副邮界改称分局，原邮政分局改称邮政支局。天津副邮政总局改为天津邮政分局，仍归北京邮政局领导。

与全国邮政业务发展上升的趋势相反，清王朝摇摇欲坠，面临灭亡。辛亥革命的枪声，结束了中国历史上最后一代封建王朝的统治，"大清邮政"的称号也被永远废止。

六 "客邮"

近代中国，饱经忧患，历尽凌辱。1840年鸦片战争之后，西方列强接踵而来，胁迫清政府签订了一系列丧权辱国的不平等条约。列强以"通商"、"居住"、"传教"为由，掠夺中国财富，奴役中国人民，肆无忌惮地扩展其侵略势力。与此同时，置中国主权于不顾，强占中国土地，开辟租界，建立完全独立于中国的行政系统和法律权限以外的殖民主义统治，在中国领土上构筑了大大小小的"国中之国"。外国租界成为帝国主义国家对中国进行军事威胁、政治控制、经济掠夺、文化渗透的侵略基地。

随着鸦片贸易而来的，是西方列强非法在中国的土地上设立本国邮政机构。清政府丧权辱国，美其名曰"客邮"。清乾隆以后，来华贸易的西方商人不断增多，贩卖鸦片的走私船只活动频繁。他们每于福建、广东沿海趸船上或贸易监督驻所悬挂外国信箱，供其侨民通信使用，成为侵犯中国邮权的尝试。鸦片战争前后，英国更无视中国主权，擅自在广州、香港及通商口岸开设"英国邮局"，其他国家群起效尤。对这种明目张胆地侵犯中国主权的行为，清政府不仅没有加以干涉制止，反而在1858年签订的中英《天津条约》中，允许外交人员"由沿海无论何处皆可送文"，更使各国肆无忌惮。

中国于1914年3月1日加入万国邮联组织后，各国"客邮"仍然存在。经过多次斗争，1922年2月1日在华盛顿召开的太平洋会议上终于通过了关于1923年1月1日前撤销在华"客邮"的决议案，各国邮局才相继撤销。但在边远地方，如西藏等地，直到全国解放后的20世纪50年代才撤销。

天津是中国近代史上最早的对外通商口岸之一，西方列强在天津强行划定了九国租界。八国联军侵华前后，列强国家纷纷在天津设立"本国邮局"和"野战邮局"，为其侨民及侵略军服务。这些非法机构一般办理各种邮件、包裹、汇兑等业务，执行各该国邮政章程和邮资标准，按其国内资费收取寄往该国的国际邮件，贴用外国邮票或任意加字的中国邮票，盖销外文邮戳。有的还擅自开辟邮路，揽收中国商民邮件，使用外国邮袋装运来往邮件，不受中国海关检查，甚至以此为掩护，从事走私、偷税、运毒等活动。

1．日本邮局

日本于1876年在天津设立"上海局受取所"（即上海日本邮局在天津的分支机构），因业务清淡于1881年关闭，到1892年10月23日复行开业，局址在英租界中街（今解放北路）日本领事馆内。1894年8月，中日战争爆发，邮局又行关闭。战后于1895年8月再次开业。1901年7月1日，日本于闸口街（今辽北路）开设租界邮政办事处。1902年9月1日，日租界旭街（今和平路）新建的日本邮局开业，同时将闸口街邮政办事处关闭。同年10月22日英租界中街日本领事馆内的邮局改为支局。此外，还先后在法租界日商武斋洋行设代办信柜1处，在日租界寿街（今兴安路）、宫岛街（今鞍山道）各设代办售票所1处，在日租界内分设7个信箱。日本邮局经办各种邮件、包裹、汇兑、代订报纸等业务，寄件者多为日侨及与日本和东三省通信的中国人。运邮方法，除利用天津直达上海、天津经烟台至上海航线及京奉铁路、津浦铁路运输密封邮袋外，还直接利用天津经烟台至日本及天津经营口、大连至日本的日本轮船运输，并且在山海关至营口铁路上，以伪装旅客携带随身行李的方法私运邮件。此外，进口邮件投递范围也超越各租界区域界限，在中国地界内非法投递。

日本于 1900 年 7 月 3 日在大沽设立邮政办事处，1901 年 1 月 12 日迁到塘沽，改为邮政局。1900 年 9 月 10 日设杨村邮政办事处，1901 年 7 月 7 日关闭；1900 年 9 月 12 日在河西务设邮政办事处，于 1901 年 1 月 10 日关闭。此外，日本还在山海关、通州、北京、新城等地设立邮政办事处。以上各邮政机构均为侵略战争而设，兼收侨民和士兵邮件；对军人寄信，邮费上给予优惠。各地邮政办事处开始均由天津日本邮局管辖，在北京设立日本邮局后，有的办事处移归北京日本邮局管理。

国际会议讨论撤销在华"客邮"案时，日本多次提出无理要求，一再拖延，因迫于太平洋会议决议，才于 1922 年 12 月 31 日将天津、塘沽等地的日本邮局撤销（仍保留南满铁路附属地的大批日本邮局），但以后又私自收寄运送邮件，继续猖狂侵犯中国邮权。1932 年 8 月，日轮在中国口岸售卖日本邮票，并为日侨非法带运邮件，拒收粘贴中国邮票的信件。天津日本工商局也违法收寄、接收、投递日本人邮件。1934 年初，前日本邮局邮件运输人员尾崎寅吉，在日租界曙街（今嫩江路）经营的"赤帽社"转运公司，秘密收运邮件。为此，河北邮政管理局除函津海关税务司注意截获外，并函大连汽船株式会社按照邮政公约及与中华邮政订立的合同条款密切注意私运邮件情事。1936年11月，由日本军部操纵的惠通航空公司开通天津至大连航线，以货运为名收寄日本人寄往大连、热河等地的邮件，并将空运来津的邮件交由日租界日商共益会投送收件人。1937年6月，惠通公司与日本航空会社开通天津至日本航线，也由共益会代为收投天津至东京等地往来的日本人邮件。此事经河北邮政管理局调查密报交通部邮政总局后，转冀察政务委员会及外交部设法交涉制止。不久，"七七事变"爆发，天津沦陷后，日军又在旭街"客邮"局原址设立"战线军事邮便局"，直到抗战胜利，方告结束。

2. 英国邮局

英国于1882年在天津英国领事馆内设立邮务代办机构，将收寄的邮件送交中国邮局发送。1906年10月在英租界咪哆士道（今泰安道）开平矿务总局院内设立英国邮政局，办理各种邮件、包裹、汇兑业务。使用者多为英侨及与英国、英属各地及香港、广东、上海等通信的中国人。另在英租界中街（今解放北路）英国夜总会及利顺德大饭店内设信箱两处。运送邮件方法，自天津至上海交英国太古、怡和轮船公司运输；陆路由京奉铁路、津浦铁路运输，进口邮件投递以各租界区为限。1919年由于开滦矿务大厦动工，邮局迁至博罗斯道（今烟台道）与海大道（今大沽路）交口处营业。根据太平洋会议决议，英国在天津"客邮"于1922年11月30日关闭。

1900年7月，八国联军侵占天津后，以印度兵为主体的英国军队在老龙头火车站营地设军事邮局，后迁至英租界戈登道（今湖北路）。英国先后在天津、北京、芦台、塘沽、唐山、山海关等12处营地设立军事邮局。天津为总局，统辖和监督各地英军邮局。其中塘沽局称"邮箱办事处基地"，设在税关后面邮局院内，冬季迁到秦皇岛英国兵营内办理业务。军邮局办理驻军的邮件、包裹、汇款、存款和军事邮件业务。随着英军调动和撤走，军邮局相继合并或停闭，芦台局于1908年撤销。天津英军邮局附设于"英国卫戍部队"内，直到1923年11月1日撤销。八国联军控制北京至山海关铁路后，以英国侵略军为首，自1901年4月1日起，还陆续在北京、天津、塘沽、唐山、山海关各车站开办铁路邮局，接收开车前交寄的邮件。

3. 德国邮局

德国于1889年在天津设立"上海德国邮局分所"，两年后升格为邮政局，局址在英租界维多利亚路（今解放北路）德国领事馆内。八国联军侵华战争后迁至法租界大法国路（今解放北路），另在德、英、法租界内设置信箱6处。八国联军入侵天津时，德国设有随军的军邮机构，并在塘沽兵营内设有军事邮局，办理驻军家书和军事邮件，冬季迁到秦皇岛德国兵营内受理业务。德国邮局经办各种邮件、包裹及汇兑业务,因设局较早,英、法、美、德等国侨民多到此交寄邮件,并吸引部分中国商人来此办理汇兑业务。该局海路运邮利用亨宝轮船公司天津至上海间航线,陆路运邮则利用京奉、津浦铁路运输,邮件投递范围以天津各国租界区为限。塘沽德军邮局由于侵华战后德国军队撤退,于1906年裁撤,天津德军邮局并入德国邮局内。第一次世界大战爆发后,1917年3月,中国政府与德国绝交,令各地德国邮政机构一律停止营业,由当地政府派员看守。1917年4月15日,天津的德国"客邮"被关闭。

德国"客邮"局

4. 法国邮局

法国于1894年在驻天津领事馆内兼办邮政业务,1902年1月15日开始设立邮政局,位于法租界大法国路(今解放北路),办理各种邮件及包裹、汇兑业务,使用者多为法国侨民。法租界法国兵营内设有信箱1处,1905年迁至法租界巴黎路(今吉林路)新建局房内办理业务。收寄的邮件装入密封邮袋内交京奉铁路、津浦铁路运输,投递范围以天津各租界区为限。八国联军侵华期间,在塘沽法国兵营内设置军事邮局1处。根据太平洋会议决议,法国在津"客邮"于1922年12月31日关闭。

5. 俄国邮局

俄国于1896年在天津开设俄国邮政局,坐落在英国租界达文波道(今建设路)俄国领事馆内,办理各种邮件、包裹及储金业务,使用者多为俄侨及与黑龙江、新疆通信的中国人。另外在俄国工程局门前设置信箱1处。利用京奉铁路、津浦铁路运输邮件。进口邮件投递以各国租界区为限。1900年八国联军入侵天津时,设立俄国军事邮局,后随俄军撤出而取消。俄国十月革命后,1920年9月,北京政府因中俄尚未恢复邦交,中国邮局停止与俄国在华邮局互换邮件,并令其一律撤退。同年11月,直隶特派交涉员令天津俄邮局官员自行登报声明撤销，并通知邮局储户向道胜银行取回存款。11月23日，俄国邮局关闭。

6．其他国家

列强在天津纷纷私设"客邮"时，意大利也想插足，但未设成。1901年，八国联军中的意大利在天津设立军邮局，《辛丑条约》后拒不撤销，依附于意租界工部局内，自称"正规"邮局，终不为中国邮政当局承认，于1917年后自行关闭。联军入侵天津时，美国侵略军曾设立野战邮局，除办理该国军邮事务外，还代办日本军队邮件的交换和运送工作。战后随美军撤出而撤销。

七　直隶邮务管理局

　　直隶是河北省的旧称。明代称直隶于京师的地区为直隶。自永乐初年建都北京后，又称直隶北京的地区为北直隶，简称北直，相当于今北京、天津两市及河北省大部和河南、山东的小部分地区；直隶南京的地区为南直隶，简称南直。清初以南直隶为江南省，北直隶为直隶省，辖境依旧。雍正、乾隆年间以后，直隶省区域有所调整，直至 1928 年改省名为河北省。

　　1912 年 1 月 1 日，中华民国成立，大清邮政改称中华邮政。1913 年 11 月 17 日，北京邮界和天津副邮界撤销，成立直隶邮区，在天津设直隶邮务管理局，统辖直隶邮区。此后至 1930 年的 17 年间，天津邮政克服了 1917 年的水灾及旷日持久的战乱对邮政通信造成的影响，完善规章制度，加快业务发展，使这一时期成为旧中国天津邮政业务大发展，经营收入再攀新高的年代，也是天津近代邮政史上又一个发展高潮时期。

1．中华邮政初期及直隶邮务管理局的建立

（1）中华民国建立　邮政进行重大改革

1911年孙中山领导辛亥革命，推翻了清王朝。1912年1月1日，中华民国临时政府在南京成立。2月28日，邮政总局总办通谕各局，今后各种公文、单式及邮局牌匾"大清"字样一律删去，只署"邮政局"三字，各项邮务公文均改用阳历。

中华民国成立后，不仅改变了国名、政体，而且在国家行政管理、经济体制运行乃至各项公共事业诸方面，都进行了许多重大变革。其中，邮政业的一项重大举措，就是改变原有邮界的划分方式，成立新的邮区，实行新的管理模式。

由于中国近代邮政始创于海关，组织规章均依照海关模式。尽管1911年划归邮传部，但仍未作大的变动。进入中华邮政时期，诸多方面已明显不适应形势发展。比如，初期的邮界划分就是以通商口岸为依据，后来又划分了副邮界，以便就

近管理。至中华邮政建立时,全国共有邮界、副邮界45处,大小局所7500余处。这样,内地局所辐射面广,而管辖区域不专的弊端开始显现。再如,各省邮局称呼不一致,有的称分局,有的称支局,也有的称内地支局,层次不清,也难以使公众明辨其含义。

1913年11月,邮政总局以行政区域为基本依据(后逐渐改为以交通路线为依据),将全国划分为21个邮区,各区设邮务管理局。管理局以下根据服务区域大小、管理及业务工作繁简,分为一、二、三等局及邮局代办。管理局设邮务长1人,管理本邮区事务,下设邮务官、邮务佐、邮务员,是为高级人员。次级人员统称邮务生,分办次等局所或次等差务。

(2)直隶邮区的划分和直隶邮务管理局的成立

大清邮政末期乃至中华邮政之初,天津作为一个副邮界,设天津邮政分局,隶属于北京邮界。1913年11月17日,根据邮政总局邮区划分方案,北京邮界和天津副邮界撤销,二者合并成立直隶邮区,在天津设直隶邮务管理局,统辖直隶邮区。先是安德(Arndt.B.德)暂代邮务长,后由韩拟(Henne,W.德)于1914年1月14日任邮务长。

邮政总局邮区划分方案中明确,根据需要,各邮区可划分为两个或两个以上的段。除管理局所在的段外,其他段由一等局管辖。按照最初的方案，直隶邮区除管理局所在地天津段外，仅设立北京一等局，管辖北京段。韩拟上任后，认为内地局所的管理工作应尽量集中到管理局，以减轻一等局的负担和责任。然而直隶邮区地域辽阔，特别是北京一等局管辖范围太大，鞭长莫及。因此，他于1914年2月10日向邮政总局提出在保定另设一个一等局，以缓解北京一等局负担过重问题的建议，并很快于2月28日得到邮政总局的批准。从此，直隶邮区划分为三个段，在直隶邮务管理局的领导下，天津、北京、保定各分管一段。天津段：由直隶邮区邮务长直接管理，管辖区域包括直隶省的绝大部分；北京段：由北京一等邮局局长领导，管辖区域包括运河以西，北京至承德铁路沿线，滦平至大口镇沿线及该地区各局所，还包括库伦（今乌兰巴托）和恰克图在内的张家口地区，宣化至多伦诺尔沿线，京汉铁路北京至保定府一线的沿线各局所及与这些局所相衔接的各代办所，良各庄至蔚州邮路沿线各局所；保定府段：由保定府一等邮局局长领导，管辖区域包括直隶邮区南部各局所（由于其中的河间地区与天津的贸易往来较与保定更为密切，所以将河间地区各局所划归管理局管辖）。这种划分，进一步加强了直隶邮务管理局对内地局所的领导与管理。此时，也是天津邮政历史上管辖区域最广的时期。1915年，天津本埠设有13个支局，归管理局直辖的有二等邮局31处,三等邮局41处;北京一等邮局辖有二等邮局20处,三等邮局9处;保定府一等邮局辖有二等邮局27处,三等邮局20处。另外,库伦和张家口分别于1917年6月14日和1918年4月1日升为一等局。

(3)天津老车站直隶邮务管理局大楼

直隶邮务管理局建立之初,仍在位于法租界紫竹林(今解放北路111号)的原天津邮政分局大楼内办公。从1884年天津海关拨驷达局由海关大公事房迁入此楼办公,至直隶邮务管理局初期的30余年间,这座大楼经历了创办邮政、大清邮政、中华邮政三个阶段,是我国现存惟一的一座清代邮政局房。如今,这座大楼保存基本完好,仍在见证着天津邮政的历史沧桑。

由于邮区的调整和直隶邮区的成立,直隶邮务管理局的管理范围、业务功能和工作人员等已远远超过天津邮政分局时期,办公及邮件处理场地明显地不敷使用。而且,随着京奉、津浦铁路火车行动邮局的开办,利用铁路运邮已经成为一种越来越重要的邮运方式,管理局邮件处理中心与火车站之间的邮件盘驳问题也亟待解决。为此,1915年5月,天津海关在俄租界老车站(即天津东站)旁新建二层楼房1座,以每月租金津平银950两租给直隶邮务管理局。同年8月1日,直隶邮务管理局由法租界紫竹林迁入该楼办公。1919年5月，直隶邮务管理局以关平银15万两购置此楼。

这座二层楼房为欧式风格，外观庄重典雅，楼顶有阳台花栏杆，红瓦尖坡顶，并建有钟楼。当时，一层是邮件分拣、封发及投递生产作业场地，沿马路一侧设有宽敞的营业大厅；二楼主要作为直隶邮务管理局办公场地。1920年11月，从英国运来的大型四面钟在该钟楼安装调试完毕，开始正常运行。该钟内装自燃电灯，无论昼夜，该楼四周一华里以内的居民、行人均可看见此钟，从而为公众特别是上下火车的旅客提供了很大便利，在当时也堪称津门一景。1921年和1932年，该楼又相继进行了扩建，以更好地满足生产作业、邮袋存放及员工生活等需要。扩建后，该楼及附属用房共占地11000平方米，建筑面积16200平方米。

2．万里邮路

从1914年至1918年，直隶邮务管理局筹划、创办、管辖着一条世界上最长的旱班陆路邮路，在中国近代邮政史上留下了光辉的一页。它是当时通向我国大西北的一条行政大动脉，

直隶邮务管理局

同时也是中国通向欧洲的又一条"丝绸之路"。

1914年7月,第一次世界大战爆发,俄国作为协约国参战,因此在一定程度上放松了对中国外蒙地区的扩张和掠夺。中华民国交通部邮政总局责成直隶邮务管理局开始设计、创办从张家口至库伦(今乌兰巴托)北去恰克图,西往乌里雅苏台、科布多连接由新疆迪化(今乌鲁木齐)经绥来县乌纳木河到承化寺(阿尔泰)的这条5000多公里(10125华里)的万里邮路。

万里邮路创办之初,天津邮局派巡员勘察这条邮路,把一段一段不相连接的古驿道增补贯通。而这条邮路大部分路段都

万里邮路示意图

处于边疆不靖之地，或是远涉人烟稀少，野兽、土匪出没的荒山野岭地区。勘察巡员是冒着生命危险前往这些地区的，难免有胆怯退缩、托病不去的。

为了详细掌握万里邮路各段的具体情况，直隶邮务管理局派拉克满先生和续勋先生前往库伦执行巡视任务，北京邮局的听差李宝丰随两位巡员一同前往。邮政总局同意预支600元给拉克满先生，预支200元给续勋先生，但他们要分别每月偿还100元和30元。在这之前直隶邮务长曾函请代理邮政总局局长铁士兰，晋升续勋为拣信生，未能得到批准，却允许他在巡视期间每月得到特别补助关平银10两，照发差旅费。

（1）从张家口至库伦

拉克满一行巡视的第一站是库伦。从张家口到库伦是1350公里。这段路虽然是古驿路，但其艰险漫长，年久失修。当时这条邮路担负着北去恰克图运往西伯利亚铁路的欧洲商品邮件，同时还担负西去乌里雅苏台、科布多接通承化寺……直至新疆迪化的行政文件和普通邮件。所以，这是一条非常繁忙的邮件运输干线。

为了加快张家口至库伦的邮件传递，库伦邮局与承办人签订了轻班邮件运输的合同，同时，设立了重件邮班。轻件邮班在函件运送紧张时还要设立昼夜兼程的快班。

根据邮政总局授权，库伦邮局又签订了张家口至库伦间骆驼邮差重件班的合同，明确规定，自张家口、库伦两地每月各发寄250公斤的重班邮件一次。

张家口运往库伦的主要货物是茶叶、烟草、布匹、丝绸、大米、面粉。从库伦运至张家口的货物主要是毛皮、蘑菇、羊毛。从邮寄的货物来看，当时的邮件大都是边贸的商品。第一次世界大战期间，欧洲处于战乱的中心，物资缺乏，这条邮路成了一条"供给线"。它把粮食、棉布、食油等一些日用品通过恰克图源源不断地运往西伯利亚的火车站，然后再运往欧洲。

这样，从张家口到库伦至恰克图的邮路上，有重件班的骆驼队，轻件班的骑差，还有昼夜兼程的快班，穿梭往来，一派繁忙。

(2) 从库伦至乌里雅苏台至科布多

从库伦西去乌里雅苏台是当时打通万里邮路的关键，在乌里雅苏台和科布多建立邮局、开通邮路，以便连接古城子、承化寺与新疆邮区接通邮路，是万里邮路全线贯通的最终目的。

外蒙全区除库伦、恰克图有邮局各一处外，西部的乌里雅苏台、科布多、乌梁海等都是边疆重镇，都未设立邮局，纵横遥亘约1500多公里。如此广漠之疆土却没有一个传递信息的机构。作为国家邮政网路，使之完备贯通才不失其责。何况乌里雅苏台西接科布多、南连甘肃、西南与新疆为邻，国防边务、国家邮务息息相关。此前，库伦与乌里雅苏台不直接设置邮路，往往将内地各处文件误投新疆，再从塔城经西伯利亚铁路东回库伦，辗转到达乌里雅苏台等边镇，来回行程达二三万里，延误时间达四五个月，不知耽误过多少大事、要事。为了西部和外蒙，为了乌里雅苏台和科布多两区相互联系，为了与新疆、甘肃两省的沟通，邮路从库伦向乌里雅苏台延伸是打通万里邮路向西通行的第一步。

按照当时的计划，一方面，从库伦至乌里雅苏台及科布多，与古城子、承化寺等地区连接新疆邮区；另一方面，从新疆邮区的迪化向北经绥来县、乌纳木河至承化寺。这样从东西两端并进，使万里邮路全路贯通。

直隶邮务长派遣四等一级邮务员续勋自库伦前往乌里雅苏台，尽快开办新邮局。为便于工作，直隶邮务长为续勋先生提供了一件特殊护照，并函请当地政府对建立新邮局和库伦至乌里雅苏台间的旱班邮路等事宜尽力予以协助。

万里邮路穿越荒凉的广漠瀚海和茫茫草原，途经无人区和漫漫的野岭荒山，常年风沙弥漫、野兽出没，其艰难的行程可想而知。由于地理位置和气候变化，每年都要按季节变更运邮工具。六七八三个月利用牛车运送邮件，其他季节则使用马车、骡车和骆驼，而骆驼则需要80至100头组成运邮长队。广袤大地，荒无人烟。驼铃声声里，百十头骆驼在邮差的牵引下鱼贯排列，负重前行……这便是邮政，一道特殊的风景。

1914年3月1日，全国邮区重新调整，新疆划分为单独邮区，仍称新疆邮务管理局，杜和白（G. Tudhope 英）接替穆麟任新疆邮务管理局署邮务长。这一年中国正式加入国际邮联，新疆与俄国邮政在塔尔巴哈台（今塔城）开始按期交换邮件。1916年10月，因经俄国西伯利亚铁路寄往恰克图的中国邮件均被俄国官员扣留检查，新疆与内地邮件从当月起一律取道兰州及张家口传递。这一事件的发生，在当时也大大促进了

万里邮路骆驼运邮队

万里邮路的开通。

  新疆邮务管理局署邮务长杜和白亲自巡视勘察了科布多至乌兰固木再到乌梁海、沙扎盖至古城子等各段邮路,并着手筹建邮政局所,与承包人签订邮运合同。由于这条邮路属直隶邮区管辖,杜和白每勘察一段邮路,建立一个局所,签订一份合同,都及时向在天津的直隶邮务长报告。

  当时,乌里雅苏台瘟疫猖獗,疫情很快就漫延到科布多。在乌科间邮路开通之前,就已经有三名邮差染病身亡。邮路刚刚开通,一名承办人也染病死去。就是在这种险恶疫情中,科布多至乌里雅苏台的邮路开通了。分别于每周二和周五发出邮班。科布多至乌兰固木的邮运合同也很快签订。合同规定承办人从接到邮局通知之日起,将这条邮路延伸至乌梁海,届时相应增加每月的承办费。由于乌梁海的气候、水草等条件与科布多有很大的不同，科布多的马匹和牲畜在那里不能生存，承办人需要重新购置马匹等牲畜。所以，杜和白把承办费提前支付给承办人，使其能够迅速购置马匹，加快邮路的开通。

(3) 从迪化至科布多

万里邮路的另一端是新疆的迪化（今乌鲁木齐）。从迪化至承化寺有一条老邮路，这段邮路间凡是重要城镇都已通邮。1918年11月，这条邮路延伸至科布多。为此，专设一个邮班，翻山越岭，从科布多与承化寺相互衔接，整个路程是792.5公里。通往承化寺的邮路，有数条大河阻拦着，一年中要有几个月汛期无法渡过，只好设置横过的铁丝，以便推送邮件。承化寺至科布多邮路上其他所经过的河流，也都设有相同的过河铁丝。由于万里邮路的贯通，使当年新疆邮区的邮差邮路增加了537.5公里。

由于万里邮路的开通，当时的中央政府与新疆省城迪化又多了一条传递行政指令的"大动脉"。当时，还有另外一条邮路，是由河南、陕西、甘肃直至新疆迪化，全长3300公里。这两条邮路交相使用，加快了中央政府与西北各省的信息往来。

万里邮路划分为东、中、西三路，张家口至库伦转恰克图为东路，从甘肃的肃州至乌里雅苏台为中路，西路是从新疆的迪化至科布多。此三路为纲，以此三条纲结布邮政网络。东路的张家口至库伦再到恰克图，由恰克图北接俄国西伯利亚铁路通往欧洲，是中国与西欧各国经济贸易往来的重要途径。中路的乌里雅苏台南接甘肃肃州与另一条通往新疆的邮路相接通，如遇中原战乱，陕西、甘肃匪乱，可北移接通万里邮路或去新疆，或往库伦皆可畅通。乌里雅苏台东接库伦，西接科布多，科布多又南接古城子。这样，乌里雅苏台与库伦、乌里雅苏台与科布多及乌梁海、科布多与新疆、甘肃两省的邮路网络皆可贯通。中国北部、西北的邮路与这三路大纲贯穿联通，若网在纲，如臂使指，四通八达。万里邮路是中国早期在西北建立起来的一张邮政网络，在当时对西部的政治、经济、文化的发展起到了巨大的促进作用。

3．火车行动邮局

在中国邮政发展史上，1914年发生了两件紧密相关的本年"最要之端"的大事：一件是中国加入万国邮政联盟；再一件是由天津开办了北京—奉天（今沈阳）、天津—浦口（南京市西北部、长江北岸）两条铁路上的火车行动邮局，是为中国最早的专门办理国际邮件处理与运输的火车行动邮局。

(1) 中国加入万国邮联

作为会员国政府间商定国际邮政事务的国际组织，万国邮政联盟成立于1874年。中国作为地域广阔、人口众多、历史悠久的东方古国，其古代邮驿通信即已对世界各国产生了较大影响。1878年中国近代邮政创办之时，更加受到万国邮联的重视与关注。但限于当时条件，未能当即加入这个组织。在后来的日子里，中国邮政在加快自身发展的同时，一直没有放弃加入万国邮联的努力，多次通过致电及派人列席邮联大会等方式，向邮联报告中国邮政发展情况，加强与该组织间的沟通。

1914年3月1日，中国正式加入万国邮政联盟。同年9月1日起，我国同邮联所建立的联系正式生效，开始实行邮联1906年罗马大会章程，并于同日起，执行邮联包裹互换协定，将天津、上海等处派为国际包裹互换局。

(2) 火车行动邮局的组建与运行

加入万国邮联后，我国同万国邮联及各成员国之间的邮政事务交往更加密切，国际邮政业务范围逐渐扩大。另外，自9月1日起，根据邮联章程，我国同邮联成员国之间的邮件应改为直接交换，邮政可以设立以车辆或船只为中转形式的交换机构，建立与国际接轨的国际邮件处理运输模式。当时，京奉、津浦是连接东北、华北、华东的我国最主要的铁路干线,而且通过京奉铁路,可与经西伯利亚铁路的国际火车邮路相衔接。因此,在京奉、津浦铁路上组建火车行动邮局,设立高效的铁路邮运系统,使所有邮联邮件都能在火车上处理,从而加快国际邮件的传递,已成为当务之急。

在确定由哪个邮政机构来具体实施火车行动邮局的组建工作时,设在天津的直隶邮务管理局成为无可争议的首选。首先,从地理位置看,天津当时已成为中国北方最大的水陆联运枢纽,是京奉、津浦两大铁路干线的交汇点,又兼有海轮连通沿海各地及远洋的便利。其次,从直隶邮务管理局的管辖范围及领导责任、业务功能看,天津是辖域辽阔的直隶邮区的中心,辖区北至库伦、恰克图,东至山海关,南至沧州、吴桥一带,西至京汉铁路沿线。北边的旱班邮路已与经西伯利亚至欧洲的邮路相连,并正在主持建立张家口—库伦—承化寺—迪化的万里邮差邮路。而即将组建的火车行动邮局也正是要与经西伯利亚铁路的快车相衔接。另外,此时天津派押的火车已北至北京,东至奉天,南至浦口。所以,由天津组建并管理京奉、津浦铁路火车行动邮局顺理成章。

1914年6月1日,天津—浦口铁路火车行动邮局开始办公,正式命名为"中华邮政第贰号铁路上行动邮局"。6月4

日，为适应行动邮局而设计的邮政车厢改制完工，在津浦线上运行。8月1日，直隶邮务管理局决定在北京—奉天铁路线上继续开办火车行动邮局，命名为"中华邮政第壹号铁路上行动邮局"。这两个火车行动邮局都是为衔接经西伯利亚至欧洲的定期快车而设立的。由于第一次世界大战爆发，自8月8日起，往来欧洲经由西伯利亚的火车邮路暂时中断，至10月1日才开始逐渐恢复。

为适应两个行动邮局在天津交换中转邮件的需要，是年11月1日，天津总车站（今天津北站）邮务第十支局迁入总车站内局房，负责办理京奉、津浦铁路火车行动邮局间的邮件经转事宜。1915年8月1日，直隶邮务管理局迁入俄租界老车站（即天津东站）旁新址办公，火车行动邮局的邮件经转交换事务，由天津总车站支局移归管理局，在老车站办理。

京奉、津浦铁路两个行动邮局各由三个火车邮局组成。行动邮局相当于二等邮局，火车邮局未经邮政总局批准是不能升为行动邮局的。行动邮局下属的每个火车邮局每星期往返一次，分别与经西伯利亚铁路的邮车相衔接。为使同一铁路上的火车邮局有所区别，直隶邮务管理局经呈总局同意，特为各火车邮局编号，京奉铁路上与穿西伯利亚国际快车相衔接的为第1（Ⅰ）号行动邮局，与圣彼得堡快车相衔接的为第1（Ⅱ）

号行动邮局，与莫斯科快车相衔接的为第1（Ⅲ）号行动邮局。津浦线上组成第2号行动邮局的三个火车邮局也按此方法进行编号。

行动邮局及其工作人员属天津邮务长管辖，但在沈阳、济南、南京等停留期间，必须接受这三地邮务长的命令；在北京停留期间，必须接受北京一等局局长的命令。各火车邮局配备局长1名和邮务生级的助手2名。局长必须熟练掌握外文，助手也应具备相当程度的外文水平。

第1号行动邮局同外国行动邮局交换寄自和寄往直隶、山东、河南、山西、陕西、甘肃、江西、湖北、湖南、贵州、四川、藏东的邮件，第2号行动邮局同外国行动邮局交换寄自和寄往江苏、安徽、浙江、福建、广东、广西、云南的邮件；两个行动邮局在天津交换转发的邮件。为了便利公众，行动邮局还负责出售邮票，收寄普通邮件。

行动邮局制定有严格的巡察制度和档案管理制度。两条铁路线上各配备1名巡员。巡员经常在中途下车，然后登上其他顺行或逆行的火车，其行动无规律且保密。行动邮局的业务档案是非常全面的，主要包括：寄自邮联成员国的挂号邮件日记簿，经转总包邮件日记簿，空袋记录，验单记录和查询记录等10余项内容。

京奉线第一号火车行动邮局

行动邮局的设施完全等同于一个普通邮局，包括邮件间、分信间、分拣格眼、办公桌及木凳等。邮车内严禁烹煮食物，邮政人员无权允许乘客进入或搭乘邮车，不准携带任何货物。

行动邮局的正常运行离不开铁路方面的支持与帮助。因此，邮局十分重视与路方的协作配合。邮政人员从不干预与邮政无关的事务。除十分必要的情况外，邮政人员一般不准离开邮政车厢。同时，为保证邮件安全，除经正式批准并身着制服的铁路稽查人员、车长及列车保卫人员外，其他铁路人员也不准进入邮政车厢。

京奉、津浦铁路行动邮局的开办，使所有进出口邮联邮件的处理与运输更加方便与迅速，从而促进了中国与邮联成员国之间的信息交流和商品交换。这条高效铁路邮运系统，与此前已形成的张家口——库伦——恰克图转西伯利亚至欧洲的陆路旱班邮路相配合，形成了当时通往欧洲的两大邮运路线，在中国邮政史上占有十分重要的地位。

1931年"九·一八"事变后，1932年1月起北宁铁路（即京奉铁路）直达火车中断，关内外邮件均由临榆（山海关）邮局经转。同年3月1日伪"满洲国"成立后强行接收东北邮政，东北邮政人员奉命撤退入关。8月起，临榆邮局停止接发东三省邮件，至此东北邮路完全中断。由于北宁铁路火车已不能与长城以北各次火车衔接运递经由西伯利亚的邮件，1933年1月11日，北宁铁路第一号行动邮局暂时停办，同年12月14日，津浦铁路第二号行动邮局裁撤。

4．航空运邮

1914年，中华邮政在全国重新划定邮界，进一步完善了以行政区域划分邮区的办法，全国共分为21个邮区。实行新的划分办法，减少了管理机构和人员，节省了开支，更有利于各辖区内邮政局所的发展。同时，中华邮政从实际出发，因地制宜，大力发展邮政运输工具。因此，在这一时期邮路的扩展十分迅速。

飞机（时称飞艇），在当时以速度快、运送便捷被邮政当局所青睐。1919年，中华邮政在北京设立了"筹办航空事宜处"，开始筹备空中运邮航线。

1920年5月7日上午10时49分，一架由英国人驾驶的海得莉·佩奇载客小飞机自北京南苑机场飞抵天津佟楼赛马场，机上带有9封快递信件。当日下午5时45分，该机带着20多封快递信件返航。北京、天津之间航空邮运试航获得了成功。这是中国最早利用航空邮路运递邮件的开始。

试航之前，天津邮局做了充分的准备，专门刻制了纪念邮戳，上面用中英文注明："中华邮政/由飞艇寄/天津至北京"字样；设计了钟表式"中华邮政飞艇"中英文日戳以及"由飞艇收讫"的中英文指示戳。当日，在《华北日报》号外上发表了试航通告："中国邮政局通告/如果可能，只限于快递（信）的邮件将由海得莉·佩奇飞艇（机）在今日下午寄送，信件可交马场指定人员，由其负责收寄。"

1921年8月12日开始，邮政总局利用北京至北戴河的客机运送邮件。该飞机隶属航空署，此航班每星期往返一次，单程需要两个小时。而这段陆地路程乘火车大约需10个小时。这趟航班只限夏季飞行，从每年的8月14日起至9月15日止。第一年共接收邮件9批，包括129件信函，33件明信片，36件挂号和1件包裹；封发邮件8批，包括209件信函，93件明信片，1件其他邮件和28件挂号。

1923年5月23日起，京津两局利用北京至天津航空署的航班开通运邮。天津邮局在佟楼飞机场设立临时邮局，收发空运邮件。但因种种原因，只飞行了8天就停止了。其间，天津局发出航空平信43件，挂号20件，明信片20件，快信2件；收到北京局航空平信62件，挂号215件，明信片10件。

1929年10月21日，邮政总局与中国航空公司订立航空带运邮件的办法，利用该公司飞往上海、南京、九江、汉口间的航班为邮局带运沿线邮件。河北邮务管理局邮务长通知各局员工开始收寄航班沿线及航线转递各地的邮件、包裹，并散发公告，俾众周知。当时天津收寄这趟航班邮件的局所有：天津管理局、东马路第一支局、总车站第十支局、英国租界中街第十一支局、狄更生道第十三支局、旭街第十五支局。

1933年1月10日，中国航空公司开办了上海至北平的航线，每周二、四、六由上海经海洲（今连云港市辖区）、青岛、天津飞抵北平，周三、五、日从北平飞往上海。上海飞往北平班机下午3时降落天津，3时15分起飞由天津飞抵北平；从北平飞往上海的班机，上午7时45分到天津，8时由天津起飞赴上海。天津局利用该航线往返带运沿线各站航空邮件。1937年"七七事变"之后，日军占领东局子机场，北上、南下的飞机由东局子机场改在了八里台凌庄子附近空旷场地降落。7月30日，天津沦陷后班机停航，航空邮路中断。

1945年抗战胜利后，因为津浦铁路尚未恢复，海上运输也未开通，为了避免邮件的积压和延误，经天津邮局协商准允驻天津的美国海军陆战队由上海飞抵天津的军用飞机带运邮件。每天9时从上海起飞直达天津的飞机带运邮件15公斤。同时从天津每日9时起飞直达上海的飞机带运邮件90公斤。美机带运的邮件以信函、明信片为主，并且是没有酬劳的临时带运性质。

1945年12月，中国航空公司上海—北平航班复航后，于7日开始，往返班机在天津机场停降，天津局恢复利用沪平、平沪班机运邮。航班每周一、三、五由上海飞北平，每周二、四、六由北平返上海。

1948年12月下旬，人民解放军对北平、天津、张家口等地实行了分割包围，天津周边地区像军粮城、杨柳青、小站等地均被解放军占领，天津已经成了一个孤岛，交通被隔绝，航空运邮中断。

5．水灾和战乱中的通信

直隶邮区运行不久，即遇到了1917年的水灾及旷日持久的战乱。直隶邮区的广大员工在大灾之年、战乱之年，以自强不息的精神，排除种种艰难险阻，维持了邮路通畅，通信不辍。

(1) 1917年水灾通信

天津素有"九河下梢"之称，海河上游的诸多河流汇聚天津后形成海河干流，既为天津的经济繁荣、社会发展提供了得天独厚的条件，也给天津带来了水患。特别是在旧中国，由于政府腐败，战乱不停，河道缺乏治理，致使一遇到降雨量大的年份，海河上游及干流就会泛滥成灾，给人民生活、生命、财产造成极大损失，给邮政通信带来严重影响。

1917年7月，直隶地区暴雨成灾，直隶腹地一片汪洋。7月20日前后，枕头（今石家庄）地区阴雨连绵。26日夜里，山洪暴发，倾刻间平地水深数尺，枕头二等邮局被大水围困。局长孙崇山带领员工奋力抢险，刚刚把邮票、现款抢出，局房已全部坍塌。29日天气放晴，水势渐消，邮局员工立即开始刨挖埋在废墟下的公物及邮件。8月8日，顺德府（今邢台）邮局也被洪水冲毁，所幸在此之前该局已将所有票款、物品转移到地势较高的支局。9月24日，整个天津全部被洪水淹没，邮局用划艇维持市内运输和邮件投递。

凶猛的洪水冲垮了京汉、津浦铁路数座铁桥，京奉铁路也受到一定破坏，铁路邮运受阻。在津浦路杨柳青到天津西站被洪水冲毁后，陈塘庄车站便成为津浦路始发站和终点站，陈塘庄到天津东站直隶邮务管理局之间的邮运，由汽船进行连接。直隶邮区内地旱班邮路基本被洪水淹没，邮局须雇人雇船维持邮路不断。在无法雇到船只的时候，则由邮差头顶邮件冒险泅渡。一名邮差在涉水运送邮件时，头顶的衣物被大水冲走，但邮件丝毫未损。

这次水灾还使大沽航道被上游冲下的淤泥阻塞，从10月中旬开始，大多数轮船都须在距离塘沽13英里的地方抛锚停泊。依靠轮船招商总局和太古轮船公司的鼎力相助，海运邮件才得以顺利传递。

（2）战乱期间的邮政通信

中华邮政时期一开始，就面临着旷日持久的战乱。战乱使公路、铁路被阻断，邮政局所遭破坏，邮政通信遇到了极大的干扰和影响。在这种情况下，直隶邮区的广大员工常常冒着生

洪水中的梨栈大街邮务支局

命危险，顶着枪林弹雨，保护邮件，坚持营业，连通邮路，维持通信不辍。

1912年3月2日，天津驻军"兵变"。当夜，变兵四处放火抢劫，全城处于恐怖状态。天津邮政分局邮务总办塔里德（Tolliday，F，B. 英）当即组织人员，将各支局的邮票和现金集中到分局，并于次日将夜间城区支局收寄的未能及时运出的邮件全部抢运到分局，立即发运。

骚乱平息后的转年，直隶邮区成立，开始组建万里邮路，开办火车行动邮局，完善规章制度，加快业务发展。但略为平静的时间不长，1920年7月爆发了直系军阀曹锟、吴佩孚及奉系军阀张作霖与皖系军阀段祺瑞之间的直皖战争。战事主要在京汉铁路高碑店、京奉铁路杨村、津浦铁路天津至德州间进行，上述三条铁路相继中断。当时已成为邮运主干线的铁路邮路的阻断,使直隶邮区的邮运工作受到严重影响。面对这种局面,直隶邮务管理局将所有天津寄往南方和北方以及京汉铁路沿线各局的邮件均由海路经上海转发,或由内陆转送。虽然邮件延误情况严重,但经多方努力,维持了邮路在十分困难的情况下没有完全中断。其间,直隶邮务管理局在天津至德州的军用火车上加挂邮政车厢,这一非常时期的特殊举措,为打通津浦线邮路,加快天津发往南方邮件的传递起到了极大的作用。

直皖战争硝烟未尽,直奉军阀之间的冲突又进一步加剧。1922年4月29日,第一次直奉战争爆发。5月4日,奉军全线溃败。为数众多的散兵游勇滞留直隶农村,到处烧杀抢掠。当年5月份,直隶邮区有1个二等局、24个代办所和1个村镇信柜遭到抢劫。各地邮局克服了许多困难,以尽量减少损失,并在火车中断时组织临时旱班邮路接力跑行。

第一次直奉战争仅仅平息两年,1924年9月,爆发了直奉军阀间的第二次战争。10月份,又发生了直系将领冯玉祥发动的"北京政变"。这场在直隶东北部地区进行的战事,给直隶邮区,特别是京津间邮运造成很大困难。1925年冬季,冯玉祥的国民军与奉军继续在天津周围展开激战,京津间的火车包括国际火车、军用火车全部停运,公路被对峙双方军队所挖的战壕所阻断。除了穿越火线以外,没有任何可以把邮件运出天津的通道。而且战区情况十分混乱，邮差随时都有被扣留的危险。在这种情况下，直隶邮务管理局派出12名邮差骑着自行车探查通往北京的道路，尽管途中遇到了许多危险和挫折，还是开通了京津间每日班运送邮件的临时邮路。在无一丢失的情况下，将重达数吨的邮件全部运出天津。当时，伦敦《泰晤士报》驻北京记者撰文写道："在动荡不安的局势中，圣诞节当天收到经由西伯利亚转来的圣诞邮件，使北京那些焦虑不安的外国人感到莫大欣慰。这一了不起的事件完全是中国邮政部门努力的结果。他们迂回辗转，先后动用了汽车、自行车、独轮车、人力雪橇、马车等，终于将堆积如山的邮袋运到了北京。"

进入1926年，奉、直和直鲁军联合向国民军发起进攻，而且直隶仍是主要战场。在这次战争中，许多内地局所和旱班邮路受到了严重干扰。1926年1月1日，在衡水至桑园的邮路上，一辆载有邮件的马车行至石村时，被一伙逃兵强行征用，经车夫再三哀求，这伙逃兵乘坐了约10华里后将车还给了马夫，所幸邮件未受损失。在北戴河、大名、沧州、静海等地，邮局遭劫、邮工被打、邮路受阻的事件屡屡发生。1月份，直隶邮区内除火车、轮船还能够通达的邮局外，其他各局的汇兑业务都被迫停办。然而，由于相关通知未能送到等原因，大部分内地局仍不断收到其他邮区寄来的汇款通知单。此时，那些平时靠兑现邮政支票向邮局提供资金的店铺大部分已经停业，内地局所向民众兑付汇款的资金运作十分困难，而这时中国传统的春节就要到了，民众又急需兑款。为解燃眉之急，直隶邮务管理局不得不采取派邮差和持枪警察共同向内地局押解运送现款的办法。因途中到处都是散兵和土匪，曾遇到许多困难和危险。

  由于战争，京奉、津浦、京汉铁路经常中断。每遇到这些情况，邮局都采取组织临时早班邮路、改走海运、迂回绕转等方式运送邮件，以尽可能地避免邮件积压延误。在京奉线上，自3月5日起，天津发往东北的邮件走海路取道秦皇岛、大连转运，直到4月1日才继续由火车运送。3月下旬，京津间铁路中断，京津互寄邮件取道杨村，由汽车运送。在津浦线上，2月25日至3月6日，马厂至静海间发生激战致使铁路中断，自青县、马厂等地寄往北方的邮件，用马拉大车自青县运至保定转发前途。静海邮局信差押运邮件通过战区时，历尽了艰难和危险。从3月6日起，山东军队开始从马厂向南撤退，天津至青县间在3月11日恢复通车，但在青县以南一箭之地的兴济又受阻。为此，直隶邮务管理局于3月15日通知，寄往兴济及其以北的邮件发由火车运送，寄往和发自兴济以南各地的邮件须发烟台或青岛由海路转运。在京汉线上，新乐附近的铁路桥于3月4日夜间被毁，南北火车运营全部中断。3月5日，从北京开出的火车只能通到保定，直隶邮区在保定至磁县间组织了8段临时旱班邮路接力跑行。不久，北京至保定间铁路也中断。自3月28日起，除大车和邮差邮路外，保定邮局每天派出两名信差骑自行车将快信和轻件运至北京。

在旷日持久的战乱中，天津邮政员工冒着生命危险，克服重重困难，坚守工作岗位，维护通信秩序，保证了邮件安全和邮路不断。

八　河北邮务(政)管理局

1928年6月28日,北京邮政总局裁撤,全国邮政事务由南京政府交通部邮政总局统管。7月26日,直隶省改为河北省。8月1日,直隶邮务管理局改名为河北邮务管理局。1931年9月7日,又改名为河北邮政管理局。

从1928年开始,中华邮政逐步走向成熟。天津邮政在这一时期得到了长足的发展。到1930年,天津邮政每年盈余额保持在48至58万元之间。这在当时居较高的水平。

1931年"九一八"事变后,日本侵略者不断蚕食中国北方领土,国难当头,民不聊生。1937年"七七事变"天津沦陷,邮政业务日趋萎缩,使天津邮政遭受到沉重打击,邮工陷入水深火热的八年灾难之中。

1945年日本投降后，河北邮政管理局整顿局务、改良邮政、改善对外服务，一段时间内面貌一新，声誉大振。但却是昙花一现。

1. 东北沦陷邮工入关

1931年9月18日，日军突袭沈阳，进而攻占东三省，并意欲在1904年日俄战争时期便已设立"客邮"的基础上，全面夺取东北邮权。1932年初，当主持东北邮务的邮务长巴立地得知伪"满洲国"即将成立，接收东北邮政之议已甚嚣尘上之际，一方面主动斡旋，向日伪头面人物宣称，如果强行接管邮政，邮政必将全部瓦解，后果极为危险；另一方面，于1月29日函告邮政总局，陈述日伪企图劫夺邮政的阴谋，并提出5条应变建议。其中最后一条是，一旦邮政被接收，东北邮工势必难以留职，邮政总局应为东北邮工在其他邮区安排工作。

1932年3月1日，伪"满洲国"成立。当日举行"开国"仪式后，日军便指使伪满交通部长丁鉴修通知巴立地，将于4月1日接管东北邮政。7月9日，伪满邮政司又宣布从8月1日起发行伪满邮票，使用伪满年号邮戳。在这种情况下，中华邮政在东北已难以维持,南京政府交通部遂于 7 月 23 日密电辽宁和吉黑邮区,立即停办东三省邮务,邮政员工一律撤退进关,分别到天津、北平、上海、青岛四地报到。由于天津是关内外中转的重要枢纽,而且总局又安排占进关邮工比例最大的下级职员均到天津报到,因此,天津便成为当时撤退进关邮工最主要的集结点。

为了做好入关邮工的接待安置工作,辽宁邮务同人俱乐部特派常委王维四、金绍田二人先期来津,洽谈有关具体事宜,先后在津设立了辽宁、吉黑两个邮区入关人员办事处,并研究制定了入关邮工在津报到的手续办理方法。7 月 27 日,首批撤退入关的辽宁邮区邮工及家属 100 余人抵达天津东站。此后,经山海关入关的东北邮工冲破日伪多方阻挠,陆续到津报到,人数越来越多,邮局腾出的空余局房及市内中下等客栈均已住满。为此,经天津邮务工会接洽,8 月 4 日,成立了天津各界招待东北入关邮工委员会,下设经济、管理、招待、交际四部。根据招待委员会的决定,成立了第一寄宿舍(设在旧道尹公署)和第二寄宿舍(设在和利公司)。这两个寄宿舍的电灯、锅灶、床铺及卫生等设施基本齐全。邮局和邮务工会派接待人员手持"欢迎东北邮工入关"的横幅,昼夜轮班到火车站接待入关邮工,然后将他们分别安置到两个寄宿舍和邮局腾出的空余局房。为防止疾病流行，邮局对包括两个寄宿舍在内的所有东北邮工聚居场所均发给消毒药品。招待委员会租用房屋建立了临时医院，并与市立医院接洽，对东北邮工适当减费施治。入关邮工在津待分配期间，暂时安排到天津各邮局工作。为此，邮局除借用职工补习班的桌椅外，还向商家租赁了一些桌椅，调配到各支局、各部门，作为职员办公所用。

在邮政总局的安排下，经河北邮政管理局协调，在津东北邮工基本都得到了妥善安置。截至9月9日，在津报到的东北邮工共计1473人（东北沦陷区邮工共计2946人，安全入关报到者为2585人），留在东北邮区工作的有359人，其余人员分配到北平、上海、山东、河南、江西、浙江、甘肃等地工作。

此后，还有一段河北邮政管理局暂时领导黑龙江沿岸若干邮局的"插曲"。东北邮务奉命停办后，由于黑龙江沿岸大黑河等邮局所在地尚为国民政府任命的官员管辖，这些邮局还在中华邮政的控制范围内。因此，1932年10月22日，南京邮政总局将吉黑邮区黑龙江沿岸的大黑河、金山镇、漠河、爱珲、乌云、奇克、萝北7处邮局，暂时划归河北邮政管理局领导。但时隔不久，局势发生变化。同年12月12日，南京邮政总局通电黑龙江沿岸各局停办，邮工取道海兰泡和海参崴返回上海。

2. 汇通转递局

南京国民政府于1932年7月23日停办东北邮务,对伪满实行邮政封锁,占东北沦陷区邮工87.7%的邮政人员撤退入关后,东三省邮务陷入瘫痪状态。7月24日,日伪赶紧研究对策,于7月26日和8月1日先后接收了辽宁邮政和吉黑邮政。8月6日,邮政总局局长黄乃枢电告河北邮区邮务长科登(Stapleton—Contton.V.W.英),立即通知临榆(山海关)邮局当日起停止接收发自东三省的各种邮件。日伪对中华邮政不与其通邮十分恼火,8月10日早晨6时15分,山海关日本宪兵队宪兵官大森与1名日本宪兵持枪闯入临榆邮局局长李鸿业家中,强行将李鸿业带走,拘押在日本宪兵队,并审讯殴打达三个小时,强迫其签署接收日伪邮件的条款。为此,科登于8月12日向日军提出抗议。8月19日,科登根据邮政总局8月15日电示精神,向河北邮区各局发出通令,重申对被迫接收的伪满邮件均应呈送天津,由河北邮政管理局核办,不得投递及转运。9月12日,为进一步实施封锁,科登又转发了邮政总局关于"凡由'伪满洲国'发出之封固总包邮件,如系由大连转来者,应于收到后原封由同一邮路退回大连,不得开拆"的公函。由此,关内外通邮中断。

1933年1月初,日军攻占山海关,成立了隶属伪满邮政的山海关邮局,从而出现了伪满邮局与中华邮政同时存在于山海关的局面。

尽管南京国民政府宣称对伪满实行邮政封锁,但因种种原因,关内外通邮并未完全断绝。由于中日尚未断交,大连的日本邮局和满铁附属地的日本"客邮"局照章仍可同中国各地通邮,日本在天津、青岛等地的"客邮"局仍收寄寄往东北的邮件;日本公私单位(如设在天津日租界的赤帽社)和少数中国商人乘机私自揽收运送寄往东北的邮件;临榆邮局还经常有被日伪用武力强迫接收的伪满邮件,照章不予转递,一律寄送天津。但如何处理这些邮件,也是一件颇伤脑筋的事。

针对当时现状,河北邮政管理局派英籍巡员德敦等人多次与山海关日伪方面交涉邮务,双方同意自1933年5月起,在不承认伪"满洲国"的前提下,临榆邮局与伪山海关邮局交换平常函件。很快,在山海关进行的非正式通邮越做越大,成为公开的秘密。1934年2月,北平邮区内的古北口邮局也采取临榆邮局的做法,开始与当地伪满邮局交换邮件。这样一来,使本来就软弱无力的邮政封锁趋于瓦解。另外,东北虽已沦陷，但关内外民众之间联系甚多，这种联系客观上也需要寻找一个适当方式予以解决。而且，中国关内外通邮问题也引起了国际上的关注。1934年5月16日，国际联盟调查团的咨询委员会对东北邮务问题作出如下决议：邮务问题非各政府所当考虑之事，而可由有关各邮务部门相商解决，惟需表明邮务关系之谈判，不得视为承认新国之任何计划。虽然此项决议有明显偏袒日本的倾向，但也似乎减少了中国对东北通邮可能落入承认伪满圈套的顾虑，从而对促成关内外通邮谈判起到微妙作用。

1934年9月，南京政府交通部正式任命邮政总局主任秘书高宗武、山西邮区邮务长余翔麟为代表，与日本关东军的藤原保明（伪满邮务司长）等人在北平就东北通邮问题进行谈判。由于谈判中涉及许多邮政业务技术问题，邮政总局又急召邮总经划处业务课长谷春帆、邮政储金汇业总局汇兑处长方根生、河北邮政管理局本地业务股长黄家德赴北平参加谈判，办理具体订约事宜。

9月28日，首次谈判在北平东总布胡同北宁铁路局局长殷同寓所举行。谈判刚一开始，日方便拿出一个《关于满华间通信办法之暂行协定》，俨然把伪满打扮成一个与中国对等的"独立国"，妄图通过谈判达到使南京政府承认伪满合法性的目的。中方代表当即严辞拒绝,明确表示,只有按不承认伪满傀儡政权,仅谈通邮技术问题和以日本关东军为谈判一方的原则,才能进行谈判;否则谈判将无法进行。日方虽多方诡辩,但在侵占我东三省及热河等地的事实面前,只得确认上述原则。

在谈判过程中,由于双方在邮件交换方式、邮件种类、使用日戳、入关邮票以及汇款折合率等问题上争论不休,无法达成一致,使谈判几近破裂边缘。而且在东交民巷六国饭店会议室谈判时,不但日方代表咄咄逼人,还时常有全副武装、挎刀持枪的日本军官闯进来,凶相毕露,威吓中方代表。根据谈判情况,南京政府急派外交部次长唐有壬于11月19日飞赴北平,在大方家胡同召集中方代表研讨对策。

谈判历时三个月,在中方做出了一些让步的情况下,终于在1934年12月14日中午,形成《通邮大纲》、《通邮大纲谅解事项》及《处理进出口山海关、古北口邮件暂行办法》等三个文件。这些文件的要点是:①在山海关、古北口已有两邮局的情况下,由商民和河北邮政管理局订立合同,各设汇通转递局一所,作为民办转递机构,所有出进关邮件均限在该两处转递;②出关邮件仍贴用中华邮政现行邮票,入关邮件使用关东军印制的特种邮票,不得印有"满洲国"或"满洲"字样;

③进关使用的邮戳不能使用伪满年号,要使用公历,地名大者用罗马拼音,小者用中文;④邮资由各方自定;⑤通邮事务的文书单据等一律使用公历,不得写"满洲国"或"满洲"字样;⑥通邮日期为次年1月10日,而包裹和汇兑的交换则从2月1日起办理;⑦通过西伯利亚的国际邮件按旧例办理。12月29日,邮政总局发布与东北通邮的公告,自1932年7月23日开始的对东北的邮政封锁取消。

根据协议,实现关内外邮件顺利交换的当务之急,是设立民办转递机构,即汇通转递局。在这件事情上,邮政总局通过对各方面因素的分析,在通邮谈判开始时便已有所考虑和准备。通邮谈判结束不到一周时间,一个名不见经传的人物便毛遂自荐,申请在山海关及古北口设置邮件转递机构。此人就是湖北邮政管理局退休人员、前一等五级邮务员黄子固。12月20日,黄子固直接函呈邮政总局局长,称:东北乃富庶之地,关内同胞出关垦荒及经商者每年达几十万,他们通过邮局寄回关内的汇款每年达千余万,寄往关外的邮政包裹数量也很大。自"九·一八"事变后,政府从国家大计考虑,毅然封锁东北邮政。这几年,关外同胞身处沦陷之地,邮递阻隔,包裹断塞,汇兑停顿,对于国家经济的平衡以及货物、金融、消息的流通,都产生很大影响。而旅居关外人士与其关内亲友之间的思念之情更可想像。自己服务邮政20余年，身虽退休，心存国家，常怀宏愿，云云。为此，他提出：愿在国家大计与民众利益之间寻找一个两全之策，在山海关和古北口设置转递机构，代办承转进出关内外的信件、包裹及汇款，酌取佣金，以支付开支。接到黄子固呈请仅一周，邮政总局和邮政储金汇业局便于12月26日批准其请求，并将其呈文抄发河北邮政管理局，责成该局与黄子固商议具体事宜。此后，有关东北通邮及与日方交涉等具体事情，邮政总局都交给河北邮政管理局代办。

1935年1月1日，黄子固以山海关汇通转递局经理的名义，与河北邮政管理局签订了承转进出山海关、古北口信件、包裹、汇款的合同，并呈缴了湖北担保人担保1万元的保证书。黄子固为何如此消息灵通？邮政当局办理此事为何如此迅速？原来黄子固是黄家德之兄，是山西邮区邮务长余翔麟在湖北邮局工作时的老同事，得到余翔麟的推荐，早就内定由黄子固承办转递之事。由一位退休的邮政人员承包作为民办转递中介的汇通转递局，既体现了南京政府不承认伪满傀儡政权、不与伪满接触这一原则，保全了南京政府的面子；又实现了关内外通邮。或许正如黄子固所言，这是当时特殊条件下的一个"两全之策"。

根据黄子固与河北邮政管理局签订的合同，汇通转递局为商业性的第三者，其经济收入的唯一来源是根据经转业务量提取的佣金，盈亏自负。因此，有关该局的人事设置，职务称谓及薪金标准，均应由其自行决定。但从1935年1月8日科登呈给邮政总局的补充合同中看到，河北邮政管理局不仅对汇通转递局的人员设置、薪金标准作了详尽的规定，而且连房租、电、煤、文具、茶水等费用支出及报账方法都一一予以明确。由此说明，汇通转递局实际上是河北邮政管理局新开设的一个特殊交换局。

1935年1月9日，山海关汇通转递局及古北口分局成立。自1月10日起，伪山海关邮局更名为南绥中邮局，局址在兴隆街。山海关汇通转递局设在伪南绥中邮局旁。1月10日，开始实行关内外通邮，转寄关内外互寄的平常、挂号、快递邮件，以及部分寄往欧洲及美洲的邮件。2月1日起，办理包裹和汇兑的经转业务。关内外互寄邮件一律由山海关汇通转递局和古北口分局分别承转。

汇通转递局开业后，得到各方配合，交接有序，运转正常，但也偶有意外。4月1日晚6时25分，就有人在山海关汇通转递局门外投掷炸弹，炸碎该局挂号处及封发处门窗玻璃3块，幸未伤人。

汇通转递局开办初期，业务量逐步增加。日平均寄往东北信件3万余件，东北入关信件2万余件；经转包裹200件左右，接收汇票核对收据400张左右。1937年"七·七"事变后，转递业务急剧下降，至1939年始有回升。

抗日战争初期，由于列强之间的矛盾，日本侵略者对华北沦陷区邮政没有立即公开劫夺，默许中华邮政继续维持，汇通转递局仍充当中华邮政与东北通邮通汇的中间媒介。后来，随着日本占领区的不断扩大，日本对邮政的控制也日益加紧。1938年8月15日，伪邮政总局在北平成立，直属伪临时政府行政委员会，统辖北平、河北、山东、山西、河南等五个邮区。至此，由于东北和关内沦陷区都由日本统治，两地邮政都在其控制之下，关内外邮件、汇兑已可直接往来，山海关和古北口的转递机构已无存在之必要。1941年8月21日，山海关汇通转递局撤销，原订协议废除，一切关内外通邮通汇业务均移交临榆二等邮局接收办理，由其与伪南绥中邮局直接交往。所辖古北口分局同时撤销。汇通转递局作为特殊历史条件下的一个特殊的关内外邮件转递机构，就此结束了其使命。

3．天津沦陷　邮工蒙辱

1937年"七·七"事变，日本侵华战争爆发。7月18日下午3点，日本驻天津宪兵队的四个日本兵到河北邮政管理局面见代理局长、本地业务股股长黄家德，胁迫邮局同意日本宪兵进驻局内检查来往邮件。黄家德镇定自若，义正词严地驳斥了日军的无理要求。日本宪兵头目恼羞成怒，于4点多竟率领数十个荷枪实弹的日本宪兵闯入管理局内，驱打邮工、强占局房，并安排七名日本宪兵强行驻局检查邮件。

7月28日，日本侵略军向北平发起总攻。29日凌晨1时，驻津中国军队29军38师和保安队率先向日本军队发起攻击，先后夺取被日军抢占的东站、北站，攻入日本租界，袭击东局子飞机场，烧毁日军飞机二十多架。下午，日军出动飞机、大炮疯狂轰击国民政府机关、电台、车站、学校，致使两千多无辜百姓惨遭杀害，受灾难民达十万之众。中国军队以大刀、步枪等低劣武器装备与日寇的飞机大炮浴血奋战了15个小时，终因寡不敌众，被迫撤退。30日，天津沦陷。

当时的东站是两军必争之地，近在咫尺的河北邮政管理局遭到日军的轰炸后被日军占领，局中所存邮件散失，档案被毁，守局差工阎汝祥惨遭日寇杀害，王日明也被枪击身受重伤。东马路支局屋顶被炮弹击中，门窗上的玻璃全部震碎，甲等邮务员郭靖洲局长不避危险仍然维持局务，抢救公物，直到比邻的房屋被炸毁，局内无处躲避时才退出邮局。

从29日起，除英、法租界少数局所外，其他各支局都停止了营业。由于铁路不通，积存邮件约两千袋，战争前所积存各处寄往北平的轻件四百多袋，均被日军扣押。各个支局组织起临时旱班邮路、水路邮路转运邮件。天津邮工冒着生命危险绕过敌人的重重封锁，把邮件分期分批地投送出去。

日军占领了河北邮政管理局，及总车站（北站）第十支局、日租界旭街（今和平路）第十五支局、八里台第十二支局、西站第七支局，不准迁移局内物品，只有投递业务设法维持。第一、二、三、六、九支局内部的箱柜，被日军查封后捣毁，里面的票款被洗劫一空。当时只有第四、五支局和在英法租界内的第十一、十三、十四支局，还能开门营业。为了方便商民用邮，河北邮政管理局只好在意租界设立一个临时邮局，供各股、组暂时办公。

由于战火南移，津浦铁路的火车不能通到天津。8月3日，河北邮政管理局派押车员工携带邮袋，雇用人力车冒险前去探路，旱路不通改水路，再雇风船到马厂，从马厂装火车把邮件运出。8月4日，又派押车员从天津雇旱船（一种车），绕道小站至唐官屯，再用船运到马厂装火车运送邮件。8月17日，由于水路、旱路都不通，邮工们只好改道子牙河，用船把邮件运到姚马渡，再雇车运到唐官屯装火车南运。在日军占领天津及周边地区最初的那段时间里，天津邮工机动灵活，神出鬼没地与日本兵周旋于陆路邮路、水上邮路、海路邮路上，甚至在没有路的地方开辟出路来，把邮件一批批地运往各地。

《中华民国二十六、二十七年度邮政事务年报》对此作如下评述："盖战事区域之内，人民流亡，庐舍为墟，商业残破，市场闭歇，当地邮局皆在艰苦环境之下竭力维持局务，必至情势危急，始移地办公，或暂时停闭，并于战事经过，民众迁回之后，随即恢复局务。如遇邮路阻断，亦必竭力设法绕道寄递，或自备汽车往来运邮，或另组水道或旱班邮路，在可能范围内，用种种方法，互相衔接联络，使中外人士仍得通讯便利，国际联邮亦无间阻……"

面对日本侵略者的军事进攻，国民政府节节败退。1937年11月20日交通部邮政总局迁往重庆。总局奉国民政府令，通谕各沦陷区邮政人员留守原地，维系前后方通信不断。为了保持与华北敌占区的联系，总局派人把一部电报密码送到天津，由黄家德面交北平邮政管理局局长巴立地（F·PoIetti 意）。在此前后，天津与重庆邮政总局的联系是由黄家德和总务股股长魏文侯，通过天津电信局局长王若僖利用无线电台用密码进行的。总局的密令也是通过黄家德传达到华北各管理局局长。日军在天津的活动及骚扰邮务等情况和伪华北邮政总局的动态由黄每天用英文写成日记，再由邮务员白树林在英中街邮政第11支局内秘密缮打成密函，通过外轮秘密寄往重庆邮政总局。这样一条神秘的信息通道连续工作了三年多的时间，直到太平洋战争爆发才结束。

1940年3月28日，代理局长两年零八个月的克立德（Caretti.E. 意）被任命为河北邮政管理局局长，而4月1日伪邮政总局局长潘传显就委任日本人奥田芳夫为河北邮政管理局副局长，全面主抓局务。这样，克立德实际成了摆设，只好托病不上班。1941年12月9日，中国对意大利宣战，因为克立德是意大利人，交通部邮政总局决定暂行停止克立德的职务，但伪邮政总局继续任用了他。直到1943年9月11日伪华北邮政总局才免去了他的局长职务。10月5日，奥田芳夫代行河北邮政管理局局长职务。

在日寇的黑暗统治下，物价飞涨，邮政员工的日常生活受到了严重威胁。1944年1月份日用必须品如粮食、燃料等价格竟涨了一倍多，玉米面从每斤 2.1 元涨至 4.3 元；高粱面从每斤 1.7 元涨至 3.4 元；山芋干从每斤 0.85 元涨至 1.8 元；豆饼从每斤 0.8 元涨至 1.7 元；煤球从 20 斤 1 元涨至 5 元。据测算，一位科长的薪水也只能维持一家六口人吃粗粮的水平。何况一般邮工差役的收入不及科长的十分之一，他们的困苦状况可以说是水深火热。

为了求生，有的邮工让子女辍学到邮局干临时工，或送到商店当学徒；有的让妻子、子女外出当佣人。这些还是经济条件稍好一些的员工。差一些的只好去拉人力车或登三轮车，有的家庭妻儿老小只能去沿街乞讨，有的邮工把衣服被褥送进当铺，而夜里只好在家徒四壁的屋子里等待天亮。邮务佐赵麟书、张文祥，信差赵城光、李甫亭和力夫何松林、涂云峰等都是那个时候因贫困而死去的。

经过八年抗战，中国抗日军民终于打败了日本侵略军。1945 年 10 月 6 日，天津在公议大楼（今承德道 10 号）门前举行了盛大的日本投降签字仪式。天津的老百姓和苦难的邮政员工争睹这一欢庆胜利的场面。

4. 1939年水灾中的邮政通信

1939年入夏以后，华北地区连降暴雨，海河流域各河水位迅即猛涨。8月7日，日本侵略当局为了保护他们的军用物资，竟然在两处炸开南运河堤岸，洪水漫溢如脱缰野马，在天津四周冲毁堤坝，淹没村庄。由于大水为患，铁路、汽车、旱班及航空等邮路严重受阻。8月13日起，由于津浦铁路天津至静海间被洪水阻断，邮局改用帆船，将邮件从天津运到静海，再与津浦铁路火车相衔接。京遵（化）汽车因雨水太大难以行驶，改由三河和蓟县两局组织临时步班跑行。许多旱班邮路被水淹没，邮局便改为乘船跑行。在天津机场被水浸淹期间，天津发往外地的航空邮件均随火车发往北京转发前途。

8月20日中午1时，洪水冲入天津市区，下午，市内便尽成泽国。此次水灾，使占天津市区面积87%的地方被淹，水深的地方积水超过一丈，浅的地方也达数尺，受灾人口达65万。水灾在给天津民众生命财产造成巨大损失的同时，也对邮政营业、投递及运输造成严重影响。到8月23日，只有河北人街第六支局和英中街第十一支局尚能维持开门营业，其他如南马路第三支局、荣业大街第四支局、法租界二十三号路第十四支局及寿街邮局等，已在积极筹划恢复办理业务的方式方法。其中最主要的措施，就是设立临时邮局，开办水上营业投递业务。

大水来临之际，河北邮政管理局立即将1917年水灾时建造的一条木船投入使用，并积极赶制木船及浮桶筏。从8月23日开始，邮局动用了3条自造木船和6条租用木船，开办了水上投递及收寄邮件业务。邮船上书有"Post"（英语"邮政"）字样。每条船各配备一只表示邮船到达的铃铛和一根顶端带有网袋的竹竿。竹竿用于同被大水困在楼上的民众交接邮件，办理业务。由于大水持续不退，为了满足需求，邮局陆续投入更多的木船。到8月底，共投入自造木船20条，租用木船34条。同时，邮局还建造了一些浮桶筏。在水深至腰际以上的地区，均使用木船或浮桶筏办理业务。初期为每日一次班，后改为每日两次班。水深在腰际以下的地区，则由信差涉水投递及收寄邮件，出售邮票。

与此同时，邮局还先后在法租界中街（今解放北路）、日租界宫岛街（今鞍山道）与春日街（今河南路南段）交口处、英租界敦桥道（今西安道）、法租界福熙将军路（今滨江道）圣功学校等水区设立了临时邮局，办理收寄邮件业务。另外在水灾期间，许多居民因房屋倒塌或屋内积水而移居其他地方避难，致使邮局内滞留了大批无法投出的邮件。为使这些邮件及时送到收件人手中，9月23日，河北邮政管理局发布公告，吁请到他处避难的灾民，随时到原居住地附近的邮局探询有无自己的邮件存局待投。

这次水灾一直持续了一个多月，直到10月初，市内积水才逐渐退去，邮政通信恢复正常。

5．邮政储金汇业的发展

1897年，大清邮政官局成立初期，为了方便公众并与民信局竞争，大清邮政在一些大城市开办了汇兑业务。到1904年全国开办汇兑业务的局所达77处，开发汇票的总额近一百万元。

1919年5月26日，交通部以部令公布邮政储金条例实行细则四十五条。7月1日，中华邮政开办邮政储金业务。同日邮政储金条例开始实施。先在北京、天津、上海等11个大城市开办，年底即发展到81个城市。当时主要经营小额汇兑，城市间的大宗汇款还得到银行办理。邮政储金的经营方针是：

"人嫌细微，我宁繁琐；不争大利，但求稳妥"。

天津最初只办理存簿储金业务，即1元（银元）起存，个人存款每月限额100元，最高限额为本息合计2000元；学校及公众团体存款每月限额150元，最高限额为本息合计3000元。同时，为存储额不满1元的储户准备了5分、1角两种面值的邮票，并加盖"限储金专用"字样的戳记。储户将零星购买的储蓄邮票粘贴在储蓄卡上，贴足1元后，可作为存款余额生息。存簿储金存款利息为年息四厘二，计息期从存入次日起至取出前一日止，储蓄利息不向政府纳税。每年分别于6月、12月两次结息。为了避免时局变化而出现挤兑现象，储户支取储金在200元、500元以上者，分别于支取存款前1天、2天通知存储局，以便备足款项。到7月底，天津共办理存款156次，取款1次，发展储户115户，储金余额为2337元，居全国（11处）开办邮政储金业务局的第二位。

1919年10月26日，天津东马路邮务支局开办邮政储金业务。到1920年1月1日，市内的荣业大街、大经路、总车站、英中街北口、梨栈大街、英中街南口等邮务支局也开办了邮政储金业务。上半年，天津局储户已达383户，存款余额达到2.34万元。下半年，储金利息上调至5厘。同时针市街、河北大街邮务支局也开办了此项业务。到年底，市区共有12个邮务支局开办邮政储金业务，整个直隶邮区办理邮政储金业务的共27处，储户达782户，计付利息结存7.45万元。

邮政储金业务对于储户的存款大都用于"最优生息事业"。当时经营股票、房地产和抵押放款获利虽大，但风险也大。因此，邮政储金的"投资"项目大部分用于债券方面，少部分作为定期存款存入银行。虽然中国银行的利息高于外国银行，但为了保险起见，处处以"不争大利，但求稳妥"为原则，把存款分别存入多家银行。所以，邮政储金稳定可靠，信用较高。1923年北京普通银行发生挤兑风潮，唯独邮政储金能够如数提款，由此信誉大增。加之那一时期中华邮政发展情况良好，邮政设施和网点不断增加，邮政储金业务以此为坚强后盾，也是其赢得储户信誉的重要因素之一。

1929年，第九次万国邮政联合会于5月10日至6月28日在伦敦举行。交通部派刘书蕃以"邮政总办兼邮政司长"的名义率团出席了会议。会后他对欧洲数国及美国、加拿大、日本等国家的邮政和邮政储金业进行了考察。回国后把考察心得及搜集、整理的资料，汇编成储金发展计划呈报交通部，呈请另设邮政储金汇业总局专门指导和管理邮政储金业务的发展。交通部长王伯群转呈国民政府行政院，得到了批准，刘书蕃也因此被任命为邮政储金汇业总局总办（后改称局长）。

1930年3月15日，中华邮政储金汇业总局成立。除办理邮政储金、汇兑、保险（后改称保价邮件及包裹）、代收货价等业务外，还大量经营买卖股票、抵押放款等银行业务，成为事实上的邮政银行。当时的中华邮政储金汇业局被列入国家六行（局）序列，即：中国银行、中央银行、交通银行、农民银行、中央信托局、邮政储金汇业局。邮政储金汇业局仅几年时间就成为国家金融界"四行二局"中的佼佼者。

从1931年4月1日起，天津办理储金业务的邮务支局开始执行联合储蓄制度。5月21日，管理局开办定期储金业务。6月15日，东马路、总车站、英中街北口、法租界三十号、旭街邮务支局也开办了该项业务。定期储金业务分半年期、一年期、二年期及二年以上期四个档次。每次存入不得少于50元（银圆），在管理局存储最高存额不加限制，在其他支局存储的储户最高为3000元。

从邮政储金业务最初开办到成立邮政储金汇业总局，十年间，邮政储金业务始终依附于邮政这棵大树之下，逐步走向成熟。当时邮政储金业务的管理机构是邮政总局的储金股，对外叫邮政储金总局，而各邮区的邮政管理局和各地邮局办理储金业务的机构和人员几乎都是兼管、兼职。虽然邮政储金的收支另立帐目，但其亏损还得由邮政的盈余来补贴，实质上是名分实不分。

1936年7月1日，天津试办邮政储金礼券业务，礼券分为1元、2元、4元、10元四种。礼券可以在原售券局和同一邮区内办理此项业务的邮局兑换现款，或存作储金，也可以在同一邮区内的电报局作为资费使用。10月1日，天津试办儿童储金业务，以中小学生为服务对象，利率为周息5厘，并免费赠送储金袋，以鼓励中小学生勤俭节约的风尚和提高少年儿童的储蓄兴趣。为发展该项业务，储金组派员到中小学校办理开立新户和登记续存业务。巡员室派员开展儿童储金业务宣传工作，举办生动活泼的宣传活动，启发儿童的忧患意识。他们在宣传单上印有储蓄格言、邮政储金业务的种类，还有《小朋友快储蓄》的诗歌，并在绘有蚂蚁积粮的图案下，印着"蚁乃微小昆虫尚知积粮防饥，人为万物之灵更当及早储蓄"的宣传词。为了方便儿童积攒零钱，除免费赠送储蓄袋外，还特制一种金属储金小邮筒，外观与当时使用的邮筒十分相像，工艺也很精细，每个售价1元，由各储金柜台发售。

"七七事变"后，国难当头，战争不断。7月29日，日军侵占天津，河北邮政管理局及部分支局被日军占领，储汇业务停办。

1945年12月24日，邮政储金汇业局天津分局在法租界中街（今解放北路）开业，吕莲渠任经理。分局下设一个办事处，五课，十八股，当时有职员120人。经营的主要业务有：活期存款、同业往来存款、存簿储金、电报汇款、高额汇票、邮政普通汇款、放款、贴现、保险等九项。

6. 改良邮政

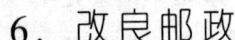

抗日战争胜利以后，为了扭转中华邮政严重亏损的局面，为了装饰国民政府的门面，为了适应社会的需求，国民政府交通部长俞大维授意邮政总局，从1946年底开始发动一场"改良邮政"运动。

"改良邮政"的目的是实现"快、安全、普遍与服务"四个大目标。把建立健全规章制度、提高工作效率，作为邮政健康发展、发挥邮政效能的两个基本点。改良措施：一是大力发展航空运邮，从1947年2月起，在全国27个重要通航城市，设置了"航空邮运中心局"，并以此局为邮件的集散枢纽；二是设立火车行动邮局，在火车上接收沿途邮件，派专人在火车上分拣，使信件到达目的地即可投递；三是扩展邮政汽车路线，自备汽车运邮；四是加快城市邮件的传递速度，简化挂快函件的交寄手续;五是创办汽车行动邮局,定时定点到机关、学校以及距邮局较远的住宅区出售邮票、收寄邮件、开发汇票等;六是设立"示范邮局",改造现有局所,使其环境整洁,设备齐整。此外,为了便利民众用邮,还设立了城市邮亭、星期例假邮局、通宵邮局、乡镇集期巡回邮局等。(注:星期例假邮局为周日和节假日对外营业。乡镇集期巡回邮局是在乡镇有集市时巡回营业的流动邮局)

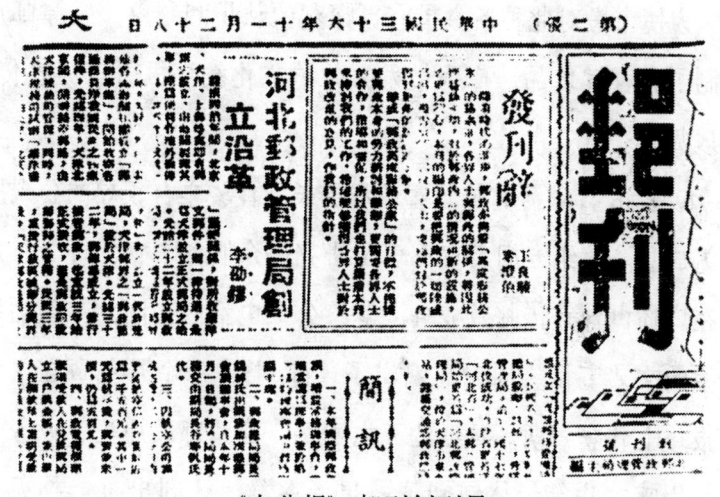

《大公报》邮刊创刊号

1947年4月下旬,交通部邮政总局在南京召开全国邮务会议,部署有关华北地区邮政的改良措施:(1)在平津设汽车流动邮局,以便利寄件人;(2)在平津普设邮亭,以便利寄件人得以随时随地投递信件;(3)在天津设置特别信箱,俾得夜间收信，随时可以送上火车、轮船、飞机。

6月1日，天津市已开始实行分区投递信件制度，就是按区域划分后，给每一个城区编定一个号码（即现在邮政编码的雏形）。天津按市区行政区划分为10个投递区，请全市各机关、商号、法团、市民等通知亲友，以后来信在信封上注明邮政分区投递号码。由于号码与市区行政区号码完全相同，所以非常容易记住。

为使市民对此种新举措有更深刻的认识和了解，天津邮局印制了各种宣传品，广为散发，并请文化教育机关广为宣传，收效甚大。

6月16日，河北邮政管理局局长王良骏亲自领导的公众服务组成立。该组专门负责办理及研究公众服务事宜，每个月定时在广播电台宣传邮政业务，解答公众电话的询问，并且播出自编的文艺节目。同时还编辑了《邮刊》，每个月免费在《大公报》上刊登一期，每期约五六千字，介绍邮政历史、业务知识、用邮方法等，体裁和形式灵活多样。还刊出过"扑灭死信"、"航空邮件"、"集邮"、"储汇"等专号。

随后，河北邮政管理局先后在南京路和北洋大学开办两处邮政支局，在居民集中和邮件较多的机关、学校附近及离邮局较远的地方新建邮亭12个，特种赶班信筒16个，增加邮政代办所40多处，邮票代售处70多处。另外，在平津、津榆、榆锦间开办火车行动邮局，收寄信件，出售邮票。为改善服务，在市区开办两部汽车行动邮局，每日定时定点流动服务，收寄邮件，开发汇票。

8月23日，东站门前新建邮亭竣工并投入使用。为了便利市民用邮，邮亭的营业项目为出售邮票、印花、收寄挂号、快递、航空及平常邮件。在各次火车开行前10分钟交寄的邮件，都可赶发当次火车运出。营业时间为了和火车运营时间衔接，定为上午7时到晚9时，中午不休息，星期日照常办公。

10月15日，罗斯福路（今和平路）邮政支局经过从外到内的全面装修，改设为"示范邮局"正式开业。为了方便公众，该局安装了舒适的服务设施，配备了经过严格培训、统一着装的邮务人员

10月17日，天津街头繁华地段出现了两部乳白色和绿色相间，车身右侧开有三个半圆形窗口的流线型汽车。这是天津邮局为方便市民用邮创办的汽车行动邮局。汽车行动邮局每天分南北两路跑行，每路设服务站12个，汽车按固定时间开往各站，实行定时营业，一般停留半个小时，主要办理出售邮票、收寄邮件、开发汇票、受理电报等业务。

河北邮政管理局在天津市区内的东站邮局、东马路一支

局、中正路（解放北路）十一支局、兴安路十四支局和罗斯福路十五支局的营业柜台设置了一种快信箱。公众在交寄挂号信和快递挂号邮件时，倘遇收寄挂快邮件窗口人多拥挤时，可将信件投入该信箱。邮局专门指派两位高级营业人员，负责按时开箱点收，这和当面交寄同样稳妥。

改良邮政活动成绩显著。下面是"改良"前后河北邮政管理局营业状况的对比：

1945年11月：出口平常信631000封，挂号信18000封，快递75000封，包裹1000件；进口平常信505000封，挂号信35000封，快递46000封，包裹840件。

1947年7月：出口平常信1940000封，挂号信65000封，快递174000封，包裹12000件；进口平常信1500000封，挂号信84000封，快递150000封，包裹16000件。数字对比说明，1947年7月收寄的邮件包裹总数平均比1945年11月增加了两倍。

"改良邮政"措施，受到社会各界及中外人士的好评。当时的美国特使马歇尔对媒体表示，"祝贺中国邮政办得很好"。《益世报》（1948年1月17日）曾以《绿衣人的负荷——一万多吨信件去年来往天津》为题撰文称：

"说到天津，这是一个水陆空联运的要冲，三十六年我们经轮船转运进口邮件约二千余吨，出口的也有一千六百吨；火车进口的三千一百吨，出口的五千二百吨；航空进口的一百一十吨，出口的九十吨。总共起来进口的有五千二百一十吨，出口的六千八百九十吨。"

但是，这次改良只是在几个大城市开展，根本无法延伸到内地和边远的农村。加之中国人民解放战争的节节胜利，解放区不断扩大，国民党政府的腐败和社会通货膨胀的加重，中华邮政日渐萎缩，河北邮政管理局所辖区域到1948年也只剩下天津市区这一"孤岛"了。因此，"改良邮政"运动只是昙花一现。

九　邮工运动与解放区邮政

从中国共产党诞生之日起，党内就建立了秘密交通组织。同时，党也一直领导着工人运动。在几十年艰苦卓绝的革命斗争中，党领导下的地下交通邮政事业以及邮政工人运动，在为人民革命战争服务方面，在抵御帝国主义侵略方面，都发挥了重要作用，立下了不朽的功勋，谱写了光辉篇章。

1．天津邮政地下党组织

国共两党实现合作后，国民革命运动蓬勃发展，工农运动不断高涨。根据革命发展需要和天津地方党团员数量不断增多的情况，中共中央决定由于方舟、江浩、李锡九等组建天津党的地方组织。

于方舟等人在李大钊和中共北方局的指导下，积极组建天津地方党的组织。1927年4月，北方的奉系军阀张作霖与南方的蒋介石反革命政变相呼应，在北方进行大屠杀。李大钊在北京被捕惨遭杀害，中共北方区委也遭到破坏。为了继续领导北方的革命斗争，1927年6月，中共临时顺（天）直（隶）省委在天津组成。8月，中共顺直省委正式建立，彭述之任书记，刘伯庄、李季达、陈为人分别负责组织、宣传和工运。当时，中共顺直省委非常重视在天津邮政等产业工人中创建支部工作，曾指示：厂内活动与支部生活……尤其是中心支部的创立，有非常重要的意义。天津、北平、唐山的电车、邮政、铁路、煤矿、电灯厂……这些应当成为三大城市创建中心支部的对象。

天津邮政最早的地下党员是李培良同志。李培良，字诚华，笔名瘦梅，1903年生，天津市小园村人。其父李仲炳，为点翠（做首饰）手艺工人。他1918年考入甲种商业学校攻读。在学期间适逢"五四"运动爆发，即参加革命活动。1919年8月，李培良作为学生演讲团成员，于演讲时被警察厅拘留。1920年1月，又因调查日货向省署请愿被捕入狱，在狱中随周恩来、马骏、郭隆真等同志共同斗争，迫使反动当局于同年7月17日宣告他们"无罪释放"。

出狱后，李培良考入河北（天津）邮政管理局做拣信生，在挂号处工作。1921年至1923年，他以北方劳动组合书记部天津特派员身份，在罗章龙同志领导下做工运工作，并由罗章龙同志介绍加入了中国共产党。当时，很多拣信生都受到他的影响，在思想上积极要求进步。他在邮局也发现和培养了一部分工人积极分子，并且指导和依靠他们宣传群众，组织群众，开展革命活动，秘密筹建工会组织。一次，他因秘密策划、鼓动拣信生罢工失败，被开除出邮局。

1933年秋，冷楚又以河北省京保特派员身份来到天津，并多次到天津邮务工会秘密开会，研究组织"反帝大同盟"，并且在工人积极分子中发展盟员。冷楚，原名杨曙晓，1899年生于河北省易县后部村，1926年加入中国共产党，在白区工作长达十年。1933年至1935年间，冷楚先后以保属特委书记、河北省京保特派员、天津市委组织部长和北平市委代理书记等职来往于北平、天津、保定一带活动。

1933年冬，冷楚先后召开两次会议，宣传中国共产党的主张。他联合邮务工会的共产党员陶子明、阎兴华、王晓岑（阎兴华妻）等人在河北中山路东兴里张广兴家召开会议，研究在共产党领导下组织"反帝大同盟"的问题。参加会议的有：张广兴、陶子明（工联会秘书）、阎兴华、王晓岑、胡恩培、解达用、邱汝熙、郑云（邮务工会秘书）。第二次会议在邮务工会楼上（今河北区平安街52号）召开，从晚上十点一直开到转天天亮。参加会议的有：冷楚、胡恩培、解达用、邱汝熙、郑云等。内容主要是研究当时的政治社会情况，分析形势，制定对策。冷楚同志教育大家要认清国民党、资本家及其走狗的本来面目，摆脱他们的控制，把工会办成赤色工会，在工人中建立和发展反帝大同盟组织，在全市掀起总同盟政治大罢工。

转年春，河北省委遭到大破坏，大批党员被捕。天津邮政地下党组织活动也陷于停顿。

2．天津邮工运动

1916年，法兰西帝国侵占天津"老西开"，引发了一场声势浩大的天津人民维护国权国土的斗争，法租界工人举行大罢工。罢工团将所有参加罢工的工人进行了登记造册，并编为十八部。这次罢工得到了全国各地人民的热情声援，许多省的议会、商会、同乡会纷纷捐款资助。罢工坚持了四个月之久,最后迫使法国侵略者不得不放弃吞并"老西开"的行动。这是天津邮政史上最早的一次罢工,随后,天津邮工又进行了一系列的斗争。

(1) 天津邮工要求改善待遇的斗争

天津邮务工会为改善邮工生活待遇,组织过多次斗争。天津《大公报》也曾深入进行采访,跟踪报道,发表了大量消息。1928年10月上旬,天津邮工参加上海邮务工会发起的改善邮工薪级待遇的斗争,迫使邮政当局答应了部分条件。这在天津工运史上占有突出地位。

1930年7月,天津邮工为争取比照上海办法发给米贴和重订低级员工薪金进行怠工斗争。从7月23日至30日,对平常信件不收邮资,免费寄送。这场斗争得到北平邮务工人及全国其他一些城市邮务工人"一致行动"的支持。当局无计可施,答应发给米贴。此次斗争以胜利结束。

9月1日,天津邮务工人奋起抗议局方背信负约,剥夺工人既得利益,扣发工人米贴而再次展开斗争,共有500多邮工签署"请愿书"。14、16日发出通电、宣言,呼吁各界人士给予支援,并声明:如问题得不到解决,将采取缩短营业时间、积压包裹、挂号、快信、普通邮件等措施。斗争坚持了三周,迫使当局出面,要求助理邮务长宋硕向总局请示,满足天津邮工的合理要求。

(2) 天津邮工的抗日救亡斗争

"九一八"事变后,日本帝国主义不断向华北和平津地区扩张。在民族危机日益加深的形势下,天津工人和各界群众抗日救亡热情不断高涨。1931年10月5日,河北邮务工会发表《河北邮务职工会告会员书》,大声疾呼:"日本把我们的东北各地侵占了!把我们许多的同胞枪杀了!凡我们未死者谁不懔然于日本的凶暴,以为国家将亡,民族将灭呀!但是,同志们!不要悲伤、诅咒,我们的国家是不会亡的。"《告会员书》呼吁全市和全国人民实行对日断绝一切关系,到不得已时,我们可以武装起来,纵肝脑涂地亦所不惜。天津邮政职工为购买飞机发起募捐,众多的工人以一天或两天工资予以捐助。

1932年10月16日,为纪念"九一八"事变一周年,天津邮务工会执行全国邮务工会追悼抗日殉难邮工的通令,全体邮工臂戴黑纱一天,静立默哀五分钟。当天所有邮件一律加盖"追悼抗日殉难邮工"、"誓死收复东北失地"等纪念邮戳。

(3) 天津邮工的"护邮"斗争

天津邮工运动热潮此起彼伏,一浪高过一浪。1932年5月下旬,各地邮务职工相继罢工,风潮扩大的情形如火燎原,成为掀动全国社会视听的一件大事。天津邮工积极参加了这次反对"津贴取消"、"邮票加价"的"护邮"斗争。

中国邮政管理的大权，历来是落在"客卿"手里的，后来国民革命军北伐，国民政府成立，国人久愤帝国主义之侵略，于是群起而作收回国权的运动。收回邮权的口号，便是在这时候提出来的。但邮权收回后，当局竟与邮工对峙，严重侵犯邮工利益，于是激起邮工大罢工的风潮。当时的全国邮务职工总会半月刊作这样的评述：

"交部（交通部—引者注）对于邮政的措施本来已使职工们不满，这几年邮政经济的趋向崩溃，明明是储汇分立和航空津贴的结果，而交部偏偏说是别的原因。于是乎职工的二元金贵银贱津贴取消了，邮费要加价了，且限制到职工的晋级上来了。二元津贴的取消刚在国难的时候，职工们只好暂时的忍耐，但是交部一步紧一步地逼向职工，竟提出限制晋级方案，这无异对职工下总攻命令，职工是断然不能忍受。"

由此不难看出，交通部的高压手段，已使职工忍无可忍，于是运动扩大了，斗争坚决了，由守势一变为攻势，向交通部提出了多种要求。

这次护邮运动的发源地在上海。上海成立了全国邮务职工总会，以作抵抗官僚们进攻的预备。各地工友们组成的邮务工会纷纷支持。上海邮务职工总会于1932年5月22起开始罢工。当局对此却不予理睬。于是，天津两会（天津邮务工会和河北邮务职工会）立即决定自5月24日起开始罢工。此举引起全国响应，当局深怕事情闹大，问题终于得到解决。

3．解放区邮政的诞生与发展

卢沟桥事变后，为了配合抗战，各抗日根据地边区党委和政府相继建立了交通邮政组织，承担了传递公文、信件、党报党刊、抗日宣传品以及运送军事物资、护送干部过封锁线等任务，成为插入敌人后方腹地的一把尖刀。华北地区的交通邮政随着抗日根据地的发展而逐步发展起来。解放区邮政随之诞生。

随着抗日根据地的逐步巩固与扩大，从边区到各县都相应建立了交通邮政机构，并建立业务制度，逐步实现统一管理。1941年，晋冀鲁豫边区在河北涉县成立了边区交通总局，下辖太行、太岳、冀南、冀鲁豫四个行署区；同年，晋绥边区成立了交通总局，下辖吕梁、绥蒙等区；1941年10月，晋察冀边区在河北阜平建立了边区交通总局，下辖晋冀、晋察、冀中、冀热辽四个行署区。1945年日本投降后，各地及时将交通组织转变为邮政组织。年底，晋察冀边区在张家口建立了边区邮政管理局；晋冀鲁豫在河北省武安县建立了边区邮务管理总局等等。在邮政机构组织上实行垂直领导，业务上统一管理，经济上独立核算，并向社会公众开放邮政业务，发行邮票。由党政交通组织发展为人民邮政，这是一个重大的转变。但到1946年以后，由于国民党蒋介石发动全面内战，解放区邮政又成为战时邮政。解放战争时期，各解放区又都组织了军事邮政和支前邮局。

随着解放战争的胜利推进，解放区邮政越来越扩大。1946年，东北邮电管理总局在哈尔滨成立，逐步统一了东北地区的邮政。1947年，晋察冀边区所属的热河、冀东、冀热察等省区划归东北后，成立了冀察热辽军邮总局。

1947年6月，在津浦战役中，人民解放军从曲阳晋察冀边区过平汉铁路到冀中，横跨运河及津浦铁路到渤海区，军邮人员始终跟着部队前进，通信联络从未中断。从冀西山区到渤海前线，军邮人员日夜兼程，只用三四天时间报纸即可送到。11月初，解放石家庄战役打响。军邮人员从曲阳到无极，经藁城再到获鹿，来回穿越平汉、石德、正太三条铁路线，使部队能在第二天看到头一天的报纸。11月11日下午5点，部队向市区发动总攻，一小时后大炮停止了射击，支前邮政局的队伍随军于下午6点多钟出发，晚上7点多钟即进入市区。12日天快亮时，战斗接近尾声。支前邮政局一行进驻石家庄邮政局。

1948年12月5日，平津战役打响。12月10日，人民解放军以六个纵队、二十二个师的兵力包围了天津、塘沽等地。这时，支前邮局随支前后勤司令部已进驻廊坊、安次县、大兴县、青云店等地，及时把发往前线的报纸信件取走，分发传送给各支前邮局。

1949年1月14日，人民解放军向天津守敌发起总攻，经过几个小时的激战，全歼敌两个军十个师达13万余人。15日，天津宣告解放。

自1948年11月中旬到1949年3月中旬，历时四个月时间，支前邮局总计发送《冀中导报》36000余份，收寄和投送信件、通知、命令近50000件。

十 开创人民邮政的新纪元

1949年10月1日，毛泽东主席宣告中华人民共和国成立。天津邮政进入了一个新的发展时期。

1. 迎接天津解放的新曙光

天津解放前夕，原中华邮政广大职工响应中国共产党的号召，在天津地下党组织的领导下，与极少数国民党反动分子妄图破坏邮政的阴谋展开激烈斗争，保护了局所设施和邮件安全。1948年底，此前遭破坏的邮局地下党组织活动已恢复正常。为迅速贯彻上级党组织护厂护局、迎接解放的指示，天津邮局党组织采取了如下措施：吸收王希贤、李家琦、刘振宇、李尧天、王春海、吴国俊等六人为中国共产党党员；确定路桐梅、祖世民等同志为入党积极分子；1949年1月初，地下党员向邮局主要负责人、关键岗位工作人员及在群众中享有威望的职工寄送中国人民解放军前线司令部发布的《约法八章》，并通过社会关系与有关人员谈话，动员群众做好护局工作等等，为迎接解放、接管天津邮政做准备。

1949年1月15日，长期处于反动统治下的天津邮政职工，怀着无比喜悦的心情迎来了自己翻身解放的日子。"解放区的天是明朗的天，解放区的人民好喜欢"的歌声响彻全城。

2．接管邮政　恢复生产

1949年1月15日，冯树章任天津军管会交通接管处处长（1950年2月任天津邮政管理局局长），军代表刘长垣同志根据天津市军管委员会的命令，负责接管天津邮政工作。邮政接管组共77人，于当日分两批进入天津市。首批进市人员，下午4点乘卡车抵达市内；第二批徒步进市人员于当晚12点连夜赶到，立即分头进驻河北邮政管理局及储汇局、一支局、十五支局,与邮局地下党胜利会师。邮局地下党员王春海同志与先头进驻邮局的王奋斗同志接头,介绍了当时邮局的主要情况。经过调查研究,接管组基本上掌握了天津邮局各方面的情况,拟定了具体接管方案。

1月16日,邮政接管组组织800余名员工报到。这一天,在河北邮政管理局大院中,接管组组长刘长垣向已报到的员工发表讲话,阐述中国人民解放军克敌制胜的根本原因及今后革命发展的光明前途,交待党对国营企业的政策以及对邮政员工按原职原薪原制度待遇的政策,要求全体邮工坚守工作岗位,努力工作,爱护企业财产,一心一意为人民服务。他同时宣布对市内16个支局、12处邮亭、内地邮局(东至塘沽北塘,南至唐官屯,西至杨柳青,北至杨村)实行正式接管。会后,许多职工反映共产党光明正大,廉洁奉公,严守纪律,"三原"(原职、原薪、原制度)政策符合民心,纷纷表示要协助接管组做好接管工作。

接管组进局后,天津邮局的中共地下党员王希贤、刘振宇、李尧天、李家琦、王春海、吴国俊的组织关系,陆续介绍到邮局。邮政接管组长、党支部书记刘长垣召集上述同志开会,宣布建立党小组,指定王希贤为组长。同时,接管工作与恢复生产齐头并进。入城人员进行了分工,一部分同志进行接管；一部分同志积极准备恢复营业。1月17日，天津市内各支局全面开始对外营业。这期间，接管组一面慰问护局人员，一面在群众中宣传解释党的接管政策，并进行形势教育。同时，模范地遵守入城纪律，妥善地处理各方面来的人员。当时有从外邮区来的，天津邮区内地局来的，还有被解散的军邮人员共279人。这部分人来津后，基本上是找亲戚朋友临时住下的，工作上、生活上都有困难。加之对各地区解放后的情况缺乏了解，作了一些片面或歪曲的渲染，对接管工作不利。当接管工作进行到一定程度后，即着手妥善处理、安置这些人员：有的动员回原邮区，内地局来的即动员回内地局工作；对原内地局长、军邮人员及其他方面来的多余人员，采取组织学习班形式进行教育。

1949年3月7日，在广泛发动群众和充分酝酿的基础上，天津邮工临时代表会成立。为了吸引职工参政、议政，颁布了职工代表选举条例。在几百名职工的监督下，经过投票、唱票、计票等程序，选出了正式代表15人，候补代表7人。正式代表中既有邮务员、邮务佐，也有信差和力夫。推选李尧天为天津邮工临时代表会主席，李家琦为副主席，另设秘书处和组织、文教、福利三部。

1950年2月，天津邮政管理局根据全国邮政会议和邮政总局的通令，发布了关于改变旧中华邮政人员称谓的通令：信差改称邮递员，听差改称邮助员，杂差改称邮勤员。解放以前，全国各地邮工不知多少次要求改变这些侮辱邮工人格、带有浓厚封建色彩的称谓。但是，当局始终不予理睬。新中国成立不久，问题很快解决。广大邮工欢欣鼓舞，理所当然。

同年4月，天津邮政管理局又发布通令，废除旧中华邮政的保证制度。这又是一项得人心之举。天津邮区工会于5月19日发出通知，要求各分会、小组组织职工讨论废除一切保证制度，同时人事科将旧保证书全部退还给被保人。

在恢复各项邮政业务的同时，接管组还发动职工努力改善通信服务。为提高邮件运递效率，加速邮件传递速度，根据火车开行时刻赶发邮件，将本市24具赶班信筒开取次数，由以前每日早6点至晚8点开取6次，改为每日早6点15分至晚10点50分开取7次。在投递方面，取消了步班投递，全部改为自行车班，加快了投递速度。

从此，天津邮政职工在中国共产党的领导下，以主人翁的姿态，开始谱写人民邮政为人民的新篇章。

3．发展生产　创造经验

新中国成立初期，全国邮路相继恢复。天津邮政管理局党总支副书记刘长垣，在大力组织职工学习政治、进行民主改革的基础上，号召职工开展以"为缩短邮件在邮局停留时间而奋斗"为中心内容的劳动竞赛。这一口号很快成为各部门改进工作的强劲力量。邮运部门的"计划运输"、函件分发部门的"计划封发"、投递部门的"统一投递路线"等一系列革新创造，不但加快了邮件传递速度，而且为邮政通信组织管理创新打开新的思路。

(1) 平常函件分发工作经验

上海解放、南北通邮后，津浦铁路沿线各局组织起邮件计划封发运输委员会，主要课题是研究如何合理利用火车容间运送邮件。党总支副书记刘长垣同志分析了邮局现状后认为：当时的主要问题是邮件运输传递速度太慢，好多矛盾都从这里产生。于是，他提出了一个口号，即："为缩短邮件在邮局停留时间而奋斗。"口号一出，立刻受到广大职工的欢迎，局内很快出现了"快分、快跑、快投"的良好局面。但时间一长，新问题出现了,主要是重复劳动太多。这种单凭热情、硬拼体力的做法,很难长期坚持。这时,老工人张恩和同志提出17条建议,主要包括改进交接手续制度,实行有效封发,改变有车就发,单纯从表面时限来计算内部作业时间的办法。同时,他还建议尽快成立邮运研究小组,进一步研究改进邮运工作。张恩和的建议,恰似一声春雷,令干部职工眼前一亮。

在此期间,邮政总局检查京沪线的邮运工作,发现这趟线上存在积压、滚存、损坏邮件和过站不交接等严重问题。这期间又发生了津沪线上山东滕县邮局转运员与天津邮局押运员为装邮件而争以至冲突的事情,在天津引起震动。对此,天津局领导非常重视,认为张恩和的建议十分合理,决定立即成立邮运研究小组对张恩和的建议进行讨论、研究,不久,提出了实行计划运输的一系列措施。

1951年6月16日,扩大的邮运研究小组成立。该小组根据火车运行时间和干支邮路衔接情况,对京沪线和京满线各次火车的经转路线,提出14项改进建议。实施后,邮件运至寄达局的时间提前5~18小时。

在五十年代初期全国开展的增产节约运动中,张恩和再次提出建议。他认为,函件科也要革除有车就封发的弊端,实行有效封发。围绕这一建议,邮运研究小组进行了一系列的调查研究，函件分拣部门工会主席李凤山多次主持召开会议进行讨论。随后，天津局又成立了专家小组，由李光焴担任组长，刘钟祥、陈汝贤、张汝扬、付宝琦、纪超、张文澜为小组成员，对方方面面的意见专门进行归纳和总结。

这一经验被概括为按邮件紧密运转图表作业经验。其内容择其要者：一是缩短邮件在邮局停留的时间，多赶发邮件上火车，使内部分拣作业与外部火车跑行区面相一致；二是从整体出发，从函件传递全程着眼，上一环节要为下一环节创造便利条件；三是制定函件处理时限，邮件到函件科三小时后，只要有火车就赶发；四是既要速度又要安全，既要准确，又要方便；五是进一步掌握邮件流向流量规律，将火车带来的邮件数量科学地分配到各台席，并实行交叉作业。实施这一经验后，函件分拣由50余人缩减到30余人，达到了多快好省、减员增效的目的。

(2) 京津邮件投递工作经验

"京津邮件投递工作经验"（简称京津投递法），是京、津两地投递人员共同创造的，是经过邮电部和邮电工会全国委员会联会组成的工作组，自1952年10月起，历时5个月，对京、津两地涌现的分散的先进经验进行分析、研究、归纳和总结出来的。"京津邮件投递工作经验"包括四项内容，即：天津元纬路邮局、河北大街邮局统一投递路线的经验；北京东四牌楼邮局分堆排信的经验和集体交叉作业的经验；京津两地组织信、报合投，投递点交工作的经验。

统一投递路线的经验，是天津元纬路邮局和河北大街邮局于1952年初创造的。这一年的2月，元纬路邮局投递股由原来的两人一个段改为三人一个段后，各段内的投递路线因为没有统一规定，三个人的走法也就不尽相同。后来，该局第4段的投递员孙秉范，偶然发现段内的一个用户有前后两个门，分别通达两条街道。从一个门进去，再从另一个门出来，既不偏离投递路线，又节省了投递时间。不久，第8段的投递员发现，段内三个人的投递路线走法不同，对段内的几个机关、工厂、学校等大户的信报投递工作影响很大，若将他们放在去程投递，可使他们收到信、报的时间提前约一个半小时。三个人经过研究后，一致认为应该把上述大户列入去程投递，投递路线归于统一。其他道段受他们启发，纷纷效仿，在全局形成一个统一投递路线的小高潮。同时，河北大街邮局也开展了研究统一投递路线活动。该局第1段在实行统一投递路线后，全段的投递里程缩短了一华里，节省时间11分44秒。

元纬路邮局和河北大街邮局通过实行统一投递路线，不仅加强了管理，提高了劳动生产率，而且合理提前了机关、工厂、学校等重要用户和大户收到信报的时间，受到用户好评。随后，天津邮政管理局对上述两个支局创造的这项经验进行了总结，并在全市投递工作中推广。

(3) 天津经验，推向全国

潜心抓管理，创新上台阶。虽然解放后时间不长，但天津邮局的管理创新开始结出累累果实。

1950年9月20日，天津市召开劳动模范大会，天津邮政管理局荣获二等模范厂称号；张恩和被评为天津市特等劳动模范。

1951年2月3日，特等劳动模范张恩和在天津市第三届人民代表大会上，当选为天津市人民政府委员。9月3日，经中央人民政府委员会第十二次会议通过，毛泽东主席签署任命书。

1951年9月底，天津邮政管理局、天津电信指挥局分别被评为天津市爱国竞赛公约运动模范厂。中国邮电工会天津邮区委员会、天津电信指挥委员会决定联合向邮电部报喜。两会主席偕两局全国劳动模范、天津市特等劳动模范等20余人抵京。报喜仪式由邮电部副部长赵志刚主持，由天津代表向邮电部长、向大会诵读报喜书。邮电部工作人员向天津代表们献花。朱学范部长在讲话中，对两局取得的成绩给予高度评价，号召全国各局向天津局学习,并代表邮电部当场宣布拨给天津两局奖金5000万元(旧币)。

1953年初,天津局副局长刘长垣在全面总结前一阶段职工生产运动的经验以后,因势利导,进一步提出,在全局试行按邮件紧密运转图作业,号召职工为邮件紧密运转作业而努力。此项工作分两步走:一是动员各部门、各环节绘制邮件作业指示图表,上报局计划管理部门进行综合平衡后,把各部门指示图表连成一体,形成邮件进口生产流水线和出口生产流水线;二是开展"紧密运转邮件"活动,要求每一环节明确在整个传递过程中的位置与功能,研究确定自己努力的方向,核定邮件部门的班次,把封发、押运、转运、转趟、筒班、支局完全联成一个整体。

一年后,紧密运转作业取得丰硕成果:一是加速了邮件传递。天津发往全国20个城市的邮件平均速度,由1950年的83.5小时,缩短到1953年的54.9小时;二是提高了质量。各通信生产环节树立整体观念,各自制定保证措施,使通信生产过程环环相扣,层层把关;三是加强了通信管理。根据邮件流量,合理安排劳动组织,既保证了时限,又节约了人手。

1954年,邮电部召开第三次全国省、区、市管理局局长会议。会上,天津邮局副局长刘长垣作了题为"天津邮局按邮件紧密运转图作业"的报告。会议认为,这一经验改变了邮政通信工作面貌,提高了邮件传递速度。

从1953年到1956年,邮电部和邮电工会全国委员会派工作组三下津门,总结天津局平常函件分发工作经验,并分赴全国各大城市函件分发部门反复进行调查和比较。最后,邮电部、邮电工会认为:"天津市邮局函件分拣科创造出一套比较成熟的、科学的出口平常函件分发工作的先进经验";"这一经验贯穿着从整体出发的思想内容,具体地体现了社会主义企业领导管理方法,它不只是分发工作的经验,而实质上是邮政生产部门组织、领导和管理的经验。"

1956年3月,邮电部和邮电工会全国委员会在天津召开"天津市邮局平常函件分发工作经验全国推广会议"。邮电部并发布指示,决定将这一经验在全国范围内逐步推广。

短短几年时间,天津邮局创造了两项推向全国、至今仍在发挥着作用的工作经验。这反映了广大邮政职工翻身做主人后极高的劳动热情和伟大的创造精神,反映了企业领导者脚踏实地、善于学习、勇于探索、不断创新的精神风貌和工作作风。这也是推动天津邮政创造人民邮政时期新辉煌的根本原因。

编　　后

　　本书虽署名作者仇润喜和阎文启二人，但集邮大家叶丛德先生及天津邮政中心的魏普金、王秉成、刘敬文、任立强诸同志均为本书的写作出了不少力，使之增色。图片的翻拍、资料的核对等一些繁琐工作，多靠邮政中心的陈长中、刘艳秋、刘露等人的襄助。他们只默默地奉献，不计个人名利得失，但我们对他们这种隆情厚谊会铭记在心的。

　　由于我们水平所限，加之时间仓促，书中的错误肯定不少，敬请读者赐教。

编者
2004 年 5 月